论语

卷四

［春秋］孔子 著
李楠 编译

微子第十八

【原文】

微子[①]去之，箕子[②]为之奴，比干[③]谏而死。孔子曰：『殷有三仁焉。』

柳下惠为士师[④]，三黜[⑤]。人曰：『子未可以去乎？』曰：『直道而事人，焉往而不三黜？枉道而事人，何必去父母之邦？』

【注释】

①微子：名启，商纣王的同母兄长。

②箕子：纣王的叔父，名胥馀。

③比干：纣王的叔父。他力谏纣王，被纣王剖心而死。

④柳下惠：『柳下』是封地名，『惠』是谥号。姓展，名获，又名禽，鲁国的贤大夫。士师：主管刑罚的官名。

⑤黜：贬退，罢免。

【译文】

纣王暴虐无道，微子离他而去，箕子沦为他的奴隶，比干由于竭力劝谏而惨死。孔子说：『殷朝有三位仁人啊！』

柳下惠担任司法官，多次被免职。有人说：『您不能够离开这里吗？』柳下惠回答说：『坚持正道侍奉君主，到哪里去又能够不得到多次罢免的遭遇呢？如果用邪道去侍奉君主，又何必要离开自己的国家呢？』

【品读】

在人生的进程中，外界干扰因素有时是暗地袭扰，有时却是明着逼迫；有时是世道的诱惑，有时却是强权侵凌。在逼迫、侵凌面前，坚持正道而行，那种可欺不可罔的直节、气节就显得更为重要、更为可贵了。

君子修德求仁，有道有节，但这并不等于他只会迂腐地对各种有关仁德的教条死心塌地地去遵守，即使是虚伪假冒的也深信不疑，不加追问，而是懂得因时因势而变，灵活地实现某种理想和目标。这不仅仅是一种做人的智慧，同时也是为了更好地把自己的原则坚持下去。因为他心中有自己的主张，而不是披一张『仁德』的外衣，为保住名声而流于呆板乃至虚伪。

【故事】

西汉时，中郎将苏武受汉武帝派遣，带着和平的使命，手持汉朝的符节（即代表朝廷出使的符信），率领副手张胜、常惠及百来个卫兵，出使匈奴。当时，双方刚经过一场持年累月的战争，处于或战或和的抉择之时，苏武的使命无疑是不同寻常的。所以到匈奴后，他不以个人为怀，凡事都从有利于汉朝的立场出发，小心谨慎。却想不到他的副手张胜急功近利，卷入了一场企图刺杀原为汉朝使节而此时已投降匈奴者——卫律的预谋中。结果事未办成，风声却先漏了出去，于是，卫律和匈奴单于（匈奴的最高首领）就将两种选择摆在苏武他们面前：或投降，或被囚遭杀。苏武一闻『投降』两字，就大义凛然地对在场的所有人说：『作为堂堂大国的使者，却像犯人一样被人审问，这不是给朝廷丢脸吗？我已经有辱使命，倘再丧失气节，即使活了下去，又有何面目再去见人呢？』然后就拔刀往自己的脖子上抹去，即刻昏死，浑身是血。后经抢救，虽醒转来，却已受了重伤。而惹出事端的张胜却在匈奴人的刀口下屈膝投降了。

对于苏武的气节与作为，连匈奴单于也感到钦佩，从而就更想将他收为己用。于是卫律奉命，一而再再而三地劝降。软硬兼施的伎俩都用完了，得到的只是苏武的蔑视和责骂。单于无法，只得将苏武关在地窖里，不供粮也不供水，想迫苏武就范。苏武却凭着气节与毅力，用雪和着毡来解渴充饥，顽强地活了下来。单于又派人将他流放到北海（今西伯利亚的贝加尔湖）牧羊。在那里，苏武只能以田鼠、野菜充饥。他不怕种种磨难坎坷，唯独忘不了自己作为使者的使命，忘不了自己手持的符节。他白天手持符节放羊，晚上则抱着符节睡觉，天长日久，符节上的穗子全脱落掉了，他依然把只剩下杆儿的符节视如命根。十几年就这样过去了，单于又派汉朝降将李陵去北海劝说苏武投降。苏武斩钉截铁地回答：『我生为汉朝之臣，不能对不起自己的祖宗和父母之邦，你不用多费口舌了。』他不以气节来交换荣华富贵，毫不客气地将李陵顶了回去。

从苏武身上，我们看到了他的气节中所体现出的民族尊严和人格力量，看到了气节如何具体落实为生命的信念、生存的力量和精神的支柱。苏武在历史上并没有做出轰轰烈烈、惊天动地的丰功伟绩，但他却是一个具有坚贞不屈的高尚气节的大丈夫，令人敬佩之至。

【原文】

齐景公[1]待孔子曰：『若季氏，则吾不能；以季、孟之间待之。』曰：『吾老矣，不能用也。』

孔子行。

齐人归女乐[2]，季桓子[3]受之，三日不朝，孔子行。

楚狂接舆[4]歌而过孔子曰：『凤[5]兮凤兮！何德之衰？往者不可谏，来者犹可追。已而，已而！今之从政者殆[6]而！』孔子下，欲与之言。趋而辟之，不得与之言。

长沮、桀溺[7]耦而耕[8]，孔子过之，使子路问津[9]焉。长沮曰：『夫执舆者为[10]谁？』子路曰：『为孔丘。』曰：『是鲁孔丘与？』曰：『是也。』曰：『是知津矣。』问于桀溺。桀溺曰：『子为谁？』曰：『为仲由。』曰：『是鲁孔丘之徒与？』对曰：『然。』曰：『滔滔者天下皆是也，而谁以易之？且而[11]与其从辟人之士[12]也，岂若从辟世之士哉。』耰而不辍[13]。子路行以告。夫子抚然[14]曰：『鸟兽不可与同群，吾非斯人之徒与而谁与[15]？天下有道，丘不与易也。』

【注释】

①齐景公：齐国国君，名杵臼。

②归：通『馈』，赠送。女乐：歌姬舞女。

③季桓子：季孙斯，鲁国的宰相。

④接舆：楚国贤人。人称他为疯子，实则是装疯以逃避现实。

⑤凤：即凤凰。传说世道清明它就会出现，反之隐去。这里用凤凰喻孔子。

⑥殆：危险。

⑦长沮、桀溺：当时的两位隐士，身世、姓名皆不详。

⑧耦而耕：两人并耕。

⑨津：渡口。

⑩为：是。

⑪而：同『尔』，你。

⑫辟人之士：躲避坏人的人，指孔子。辟，同『避』。

⑬耰：用土覆盖下好的种子。辍：停止。

⑭怃然：怅惘失意的样子。

⑮鸟兽不可与同群，吾非斯人之徒与而谁与：全句共三个『与』字，第一个『与』字是跟的意思，后两个『与』字，是交往的意思。全句意为孔子不愿意避世隐居和鸟兽同群，而是愿意和天下人

在一起。

【译文】

齐景公在谈到对待孔子的打算时，说：『如果要像鲁国国君对待季氏那样对待孔子，那我是做不到的；我要用介于季氏和孟氏之间的礼遇去对待他。』又说：『我已经老了，不能用他了。』于是孔子就离开了齐国。

齐国给鲁国送了一批歌姬舞女来，季桓子接受了，连续多天不理朝政，孔子于是离开鲁国走了。

楚国的狂人接舆边唱歌，边经过孔子的车前。他唱道：『凤鸟啊，凤鸟啊！你的德行为什么这样衰微？过去的不要再说了，未来的还可以追赶得上。算了吧，算了吧！现在从政的人多么危险啊！』孔子下车，想和他交谈，他却很快地避开了，孔子终于没能同他说话。

长沮、桀溺一同耕地。孔子从他们旁边经过，叫子路向他们问渡口。长沮对子路说：『那个驾着车的人是谁？』子路说：『是孔丘。』长沮又说：『是鲁国那个孔丘吗？』子路说：『正是。』长沮便说：『那他早该知道渡口在哪里了。』子路再去问桀溺。桀溺问道：『你是谁？』子路说：『我是仲由。』桀溺又问：『你是鲁国孔丘的门徒吗？』子路说：『正是。』桀溺便道：『天下混乱，你们同谁去改造它呢？再说你与其跟着（孔丘那种）逃避坏人的人，哪里比得上跟着（我们这种）逃避整个社会的人呢？』说完便不停地耙土。子路走来报告了孔子。孔子怅然地说：『鸟兽是无法同他们生活在一起的，我不同人类生活在一起又同谁生活在一起呢？假如天下已经太平，我就不来改造它了。』

【品读】

古代隐士所达到的人生境界都是极高的，他们对世俗的一切看得都很淡。人的境界决定了人的眼界。当我们的境界只是一个求取名利的庸人时，自然也就不可能体会到那些淡泊名利的人的感受。

很多人把名利当作必需品，以为只有获得了名利，生活才能更自由更幸福，然而看世间有多少因名利而引来灾祸的人呢？对于那些臻于人生至高境界的人们来说，虽然无心立功建业，却能名满天下；虽然有着名满天下的辉煌，却能韬光养晦，不在意世俗的名利而逍遥自得，恬淡无怀，无往而不逍遥，无适而不自得。

【故事】

庄子在他的作品《逍遥游》中，讲了一个故事：

肩吾对连叔说：『我听了接舆的一番言论，大而无当，不着边际。我很惊讶于他的话，那就像天上的银河一样看不到首尾。真是怪诞悖谬，不近情理啊！』

连叔说：『他说了些什么呢？』

肩吾说：『他说：「遥远的姑射山中，有一神人居住在里边。那神人皮肤洁白，如同冰雪般晶莹；姿态柔婉，如同室女般柔弱；不吃五谷杂粮，只是吸清风喝露水。他乘着云气，驾着飞龙，在四海之外遨游。他的神情是宁静的，使万物不受灾害，年年五谷丰收。」我认为这些话是狂妄而不可信的。』

连叔说：『是呀！我们无法让盲人领会文采的华丽；无法让耳聋之人知晓钟鼓的乐声。岂止是在形体上有聋有瞎，在智慧上也有啊！听你刚才说的话，你还是和往日一样啊。那个神人，他的德行，与万物合为一体，世人期望他来治理天下，他哪里肯辛辛苦苦地管这种微不足道的事呢？这样的人，没有什么东西可以伤害他，洪水滔天也淹不着他；大旱时把金石都熔化了，把土山都烧焦了，他也不觉得热。他的「尘垢秕糠」也可以制造出像尧、舜那样的圣贤君主来，他哪里肯把治理天下当作自己的事业呢？』

这正是真正的旷达境界。

【原文】

子路从而后，遇丈人①，以杖荷莜②。子路问曰："子见夫子乎？"丈人曰："四体不勤，五谷不分，孰为夫子？"植其杖而芸。子路拱而立。止子路宿，杀鸡为黍而食③之，见其二子焉。明日，子路行以告。子曰："隐者也。"使子路反④见之。至，则行矣。子路曰："不仕无义。长幼之节，不可废也；君臣之义，如之何其废之？欲洁其身，而乱大伦。君子之仕也，行其义也。道之不行，已知之矣。"

逸民⑤：伯夷、叔齐、虞仲、夷逸、朱张、柳下惠、少连。子曰："不降其志，不辱其身，伯夷、叔齐与！"谓："柳下惠、少连，降志辱身矣，言中⑥伦，行中虑，其斯而已矣。"谓："虞仲、夷逸，隐居放言，身中清，废中权。我则异于是，无可无不可。"

大师挚⑦适⑧齐，亚饭干⑨适楚，三饭缭⑩适蔡，四饭缺⑪适秦，鼓方叔⑫入于河，播鼗武⑬入于汉，少师阳、击磬襄⑭，入于海。

周公谓鲁公⑮曰："君子不施⑯其亲，不使大臣怨乎不以⑰。故旧无大故，则不弃也。无求备于一人！』

周有八士：伯达、伯适、仲突、仲忽、叔夜、叔夏、季随、季騧⑱。

【注释】

①丈人：老人。当时的隐士，身世、姓名均不详。

②荷：背或扛。蓧：古代除草用的农具。

③食：拿东西给人吃。

④反：同『返』。

⑤逸民：古代称避世隐居不做官的人。

⑥中：符合。

⑦大师挚：即师挚，鲁国的乐师，名挚。

⑧适：去，往，到。

⑨亚饭干：古代天子和诸侯吃饭时要奏乐，此处指第二餐的乐师名干。

⑩三饭缭：第三餐的乐师名缭。

⑪四饭缺：第四餐的乐师名缺。

⑫鼓方叔：击鼓的乐师名方叔。

⑬播鼗武：摇小鼓的乐师名武。

⑭少师阳、击磬襄：乐官太师的助手名阳，击磬的乐师名襄。

⑮鲁公：周公的儿子伯禽，周成王时封于鲁，称鲁公。

⑯施：原作弛，放松。这里是怠慢、疏远的意思。

⑰以：用。

⑱周有八士：八人生平皆不详。

【译文】

子路跟随孔子出游，却落在了后面。他遇上一位老人，用手杖挑着除草用的工具。子路问他：『您看见我的老师了吗？』老人说：『你四肢不劳动，五谷分不清，谁是你的老师呢？』说完，便拄着手杖去锄草。子路拱着手恭敬地站着。老人留子路在他家住宿，并杀鸡做饭给他吃，又叫他两个儿子出来与他相见。第二天，子路赶上孔子，把这事向他报告了。孔子说：『这是一位隐士。』叫子路回去再看看他。到他家，他已经出去了。子路便说：『不做官是不合适的。长幼间的次序，是不能废弃的。君臣之间的正当关系，又怎么能废弃呢？只想洁身自好，却损害了基本的伦常。君子出来做官，只是为了履行自己的义务。至于自己的主张无法实行，早就知道了。』

古来被遗落的人才有：伯夷、叔齐、虞仲、夷逸、朱张、柳下惠、少连。孔子说：『不降低自己的志向，不辱没自己身份，是伯夷、叔齐吧！』又说：『柳下惠、少连降低了自己的志向，辱没了自己身份，但言语合乎伦常，行为合乎义理，那也就如此而已。』又说：『虞仲、夷逸，隐居

避世，放肆直言，处身清白，被废置不用也是自己的权变之术。而我与这些人不同，没有什么可以，也没有什么不可以。』

大师挚逃到了齐，亚饭干逃到了楚，三饭缭逃到了蔡，四饭缺逃到了秦；鼓师方叔逃居于黄河边上，摇小鼓的乐师武逃居于汉水边上，少师阳和击磬的乐师襄逃居到海边。

周公对鲁公说：『君子不轻忽他的亲族，不叫大臣抱怨没被任用。旧臣故人如果没有重大过失，就不要抛开他。不要对某一个人求全责备！』

周朝曾有八个贤士：伯达、伯适、仲突、仲忽、叔夜、叔夏、季随、季騧。

【品读】

孟子云：『君子立天下之正位，行天下之正道，得志则与民由之，不得志则独行其道。』它启迪人们要堂堂正正做人，行天下之正道，得志时与世人一样同行正道；当不得志时便洁身自好，独行正道。『富贵不能淫，贫贱不能移，威武不能屈』，这才能算得上是真正的大丈夫。

水过于清澈，就养不了鱼；做人如果过于苛刻，对人求全责备，就容易失去人缘。与人相处时，对别人的小缺点不要太在意，千万不要做一个小肚鸡肠的人，否则即使是本来很亲近的人，也不会喜欢和你携手共事的。

律己要严，待人要宽，千万不要求全责备，拿显微镜看人，因为在显微镜下绝对没有完人。不过分吹毛求疵，凡事皆留有回旋的余地，对细末枝节的小事不妨放过，这才是正确的处事为人的方法。

【故事】

宋太宗时期，有人上奏说在汴河从事水运工作的官吏中，有人私运官货到其他地方卖，众人颇有微词。太宗向左右说：『要将这些吸血鬼完全根除实在不是容易的事，这就像以东西堵塞鼠洞一样无济于事。对此，只需将有些做得过分，影响极坏的首恶分子惩办了即可。如有些官船偶有挟私行为，只要他没有妨碍正常公务，就不必过分追究了。总之，这样做也是为了确保官运物资的畅行无阻呀！』

站在一旁的宰相吕蒙正也表示赞同。他说：『水若过清则鱼不留，人若过严则人心背。一般而言，君子都看不惯小人的所作所为，如过分追究，恐有乱生。不若宽容之，使之知禁，这样才能使管理工作顺利开展。从前，汉朝的曹参对司法与市场的管理非常慎重，他认为在处理善恶的执法量刑上应该有弹性，要宽严适度。谨慎从事，必然能使恶人无所遁形。这正如宋太宗所言，就是在小事上不要太苛刻。』

子张第十九

【原文】

子张曰：『士见危致命①，见得思②义，祭思敬，丧思哀，其可已矣。』

子张曰：『执③德不弘，信道不笃④，焉能为有？焉能为亡⑤？』

【注释】

①致命：授命，舍弃生命。

②思：思考，想问题。

③执：遵守，掌握。

④笃：真诚，纯一。

⑤亡：同『无』。

【译文】

子张说：『读书人遇到危难能豁出性命，遇到利益能考虑是否该得，祭祀时想着恭敬严肃，居丧时想着悲痛伤心，那也就行了。』

子张说：『占有道德不广大，信仰真理不坚定，这种人多了他能怎么样？少了他能怎么样？』

【品读】

有德之人不仅注重自身的修养，更可贵的是他会坚定不移地把德行发扬光大，这自然也是『仁』的体现。孔子就是这样的一个人，所以子贡对他崇敬不已，并以日月来赞誉自己的老师。

有道德的人都是很节俭的。生活上俭，需求就少，欲望少，就可直道而行。而人若多欲，则必贪富贵，这样在官则必贪，在民则必盗，在道德上会造成恶。而崇俭鄙奢，乃古往今来中华民族的美德；弃俭而尚奢，无异于本末倒置，是十分有害的。

【故事】

金世宗是金朝九帝中最崇尚节俭的一位皇帝。他『即位五载，而南北讲好，与民休息』，金朝从此进入了由征战转向和平、由动乱转向安定的平稳发展盛世。在其统治的三十年中，采取诸多措施进行了一系列的改革。

在政治上，迁都中都，修订官制、礼仪制度，调整阶层；在经济上，解放生产力，促进生产；

在教化风气上，则大力提倡节俭。对金世宗而言，崇尚节俭是他获得『小尧舜』美誉的一个重要原因。对拨乱反正后的金朝社会来说，提倡节俭也不失为恢复和发展经济的明智之举。

金世宗崇尚节俭，身体力行，表现在吃、穿、住、用等个人生活的方方面面。世宗即位初年，即大定二年（1162年）四月，世宗即『诏减御膳及宫中食物之半』。大定二十六年（1186年）十二月，世宗对大臣说：『朕年来唯以省约为务，常膳止四五味，已厌饫之，比初即位十减七八。』可见，世宗从即位初年到其统治末年，没有随着国家经济状况的好转而舍弃节俭。

大定九年（1169年）正月，世宗与宣徽使敬嗣晖、秘书监移剌子敬谈起了金太宗灭辽时为庆祝胜利一天杀三百头羊一事。对此，世宗却说：『亡辽日屠食羊三百，亦岂能尽用，徒伤生耳！朕虽处至尊，每当食，常思贫民饥饿，犹在己也。』在世宗看来，这不仅是巨大的浪费，更是不懂得抚恤百姓的举动。世宗深谙此理：『太官之食，皆民脂膏。曰者品位太多，不可遍举，徒为虚费。』

大定十三年（1173年），太子詹事刘仲诲请求增加东宫的侍人及张设。世宗却说：『东宫诸司局人自有常数，张设已具，尚何增益？太子生于富贵，易入于侈，惟当导以淳俭。』世宗不但没有满足其愿望，而且还教诲亲王大臣们不要铺张浪费。大定十六年（1176年）三月，世宗训诫皇太子和亲王：『大凡资用当务节省，如其有余，可周亲戚，勿妄费也。』值得注意的是，世宗认为：『且教化之行，当自贵近始。』也就是说，要倡导节俭，首先必须从贵族和大臣们做起。世宗认识到这一点，实属难能可贵。金世宗以万乘之主而能克一己之私欲，戒子弟务必从俭，即使在今天亦称楷模。

【原文】

子夏之门人问交①于子张。子张曰：『子夏云何？』对曰：『子夏曰：「可者与②之，其不可者拒之。」』子张曰：『异乎吾所闻：君子尊贤而容众，嘉③善而矜④不能。我之大贤与⑤，于人何所不容？我之不贤与，人将拒我，如之何其拒人也？』

子夏曰：『虽小道⑥，必有可观者焉；致远恐泥⑦，是以君子不为也。』

子夏曰：『日知其所亡⑧，月无忘其所能，可谓好学也已矣。』

子夏曰：『博学而笃志，切问而近思，仁在其中矣。』

子夏曰：『百工居肆⑨以成其事，君子学以致其道。』

【注释】

①交：结交，往来。

②与：交往；友好。

③嘉：赞美，表彰。

④矜：怜悯。

⑤与：语助词，用在句中无义。

⑥小：狭隘，不足。道：方法，技艺。

⑦致远恐泥：要想进一步达到深奥精微的境地，恐怕就所阻滞不通，无所适从了。致：达到。远：深奥。泥：阻滞，拘泥。

⑧亡：同『无』。

⑨肆：工场。

【译文】

子夏的学生向子张问交友的原则。子张说：『子夏怎么说？』他们回答说：『子夏说：「值得交的就交结他，不值得交的就拒绝他。」』子张说：『这和我所听到的不同：君子尊重贤人，也容纳普通人；鼓励好人，也怜悯无能的人。如果我是非常好的人呢，对什么人不能容纳？如果我是不好的人呢，别人将拒绝我，我又怎能拒绝别人呢？』

子夏说：『即使小技艺，必定有可取之处，但过于沉溺会妨碍远大前程，所以君子不从事这些东西。』

子夏说：『每天知道所未知的，每月复习已经掌握的，可以说是好学了。』

子夏说：『广泛地学习而且坚守自己的志趣，恳切地发问而且思考当前的问题，仁德就在这里面了。』

子夏说：『各种匠师们在工场里完成他们的工作，君子通过学习来获得那个道。』

【品读】

做人要有包容之心，宽容大度，方能成人成己之美，方能与人为善，和睦邻里，广交朋友。而这种宽容之心，自古有之。先秦名士、秦朝宰相李斯就有一句名言『泰山不让土壤，故能成其大；河海不择细流，故能成其深』。译意就是泰山不排斥泥土，让众多泥土相拥才能显得高大，河海能够容纳那些涓涓细流，方能变得深不见底。也是告诉我们，要善于包容与自己不同的意见，容纳与自己不同身份的人，才能让自己变得更加有深度，有成就。

唐朝诗人李白也在《与韩荆州书》说：『人非尧舜，谁能尽善。』也是告诉我们人无完人，每个人都有自己的短处和不足，要学会宽容对待。现实生活中，不管是在工作中，还是生活中，不管是同事间，还是夫妻间，每个人都有缺点，而这种缺点往往容易被对方放大，一旦放大就会产生负面的情绪，往往容易产生恶果。所以这个时候，我们相互之间多看到对方好的一面，善良的一面，优秀的一面，想想自己的缺点和不足，这时候这种不满之气就会消除。

冯梦龙在明朝时就告诫我们：『事不三思终有悔，人能百忍自无忧。』如果我们每个人都三思而后行，都有包容之心，遇事该忍则忍，方可避免许多忧患。

【故事】

韩信是中国古代一位著名的军事统帅，他出身贫贱，从小就失去了双亲。建立军功之前的韩信，既不会经商，又不愿种地，家里也没有什么财产，过着穷困而备受歧视的生活，常常是吃了上顿没下顿。他与当地的一个小官有些交情，于是常到这位小官家中去吃免费饭，可是时间一长，小官的妻子对他很反感，便有意提前吃饭的时间，等韩信来到时已经没饭吃了，于是韩信很恼火，就与这位小官绝交了。

为了生活下去，韩信只好到当地的淮水钓鱼，有位洗衣服的老太太见他没饭吃，便把自己带的饭菜分给他吃，这样一连几十天，韩信很受感动，便对老太太说：『总有一天我一定会好好报答你的。』老太太听了很生气，说：『你是男子汉大丈夫，不能自己养活自己，我看你可怜才给你饭吃，谁还希望你报答我。』韩信听了很惭愧，立志要做出一番事业来。

在韩信的家乡淮阴城，有些年轻人看不起韩信，有一天，一个少年看到韩信身材高大却常佩带宝剑，以为他是胆小，便在闹市里拦住韩信，说：『你要是有胆量，就拔剑刺我；如果是懦夫，就从我的裤裆下钻过去。』围观的人都知道这是故意找茬羞辱韩信，不知道韩信会怎么办。只见韩信想了好一会儿，一言不发，就从那人的裤裆下钻过去了。当时在场的人都哄然大笑，认为韩信是胆小怕死、没有勇气的人。这就是后来流传下来的『胯下之辱』的故事。

【原文】

子夏曰：『小人之过也必文。』

子夏曰：『君子有三变：望之俨然，即之也温，听其言也厉。』

子夏曰：『君子信①而后劳其民；未信，则以为厉②己也。信而后谏；未信，则以为谤己也。』

子夏曰：『大德③不逾闲④，小德出入可也。』

子游曰：『子夏之门人小子，当⑤洒扫应对进退，则可矣，抑⑥末⑦也。本⑧之则无，如之何⑨？』

子夏闻之，曰：『噫！言游过矣！君子之道，孰先传焉？孰后倦⑩焉？譬诸⑪草木，区以别矣。君子之道，焉可诬⑫也？有始有卒者，其惟圣人乎！』

子夏曰：『仕而优则学，学而优则仕。』

【注释】

①信：指取得百姓的信任。

②厉：虐害。

③大德：指大的节操。

④闲：这里指界限。

⑤当：担当。

⑥抑：不过，可是。

⑦末：末节小事。

⑧本：这里指做人的根本。

⑨如之何：怎么可以呢。

⑩倦：是放在后面的意思。

⑪诸：『之乎』的合音。

⑫诬：歪曲。

【译文】

子夏说：『小人对自己的过错也一定会加以掩饰。』

子夏说：『君子有三变：远远望着庄严可畏，来到面前温和可亲，听他的话严厉不苟。』

子夏说：『在上位的人必须取得百姓的信任以后才去役使他们，否则百姓会以为你在虐害他们。君子必须得到信任以后才去劝谏，否则君主会以为你在毁谤他。』

子夏说：『大的节操不能逾越界限，小的操行有点出入是可以的。』

子游说：『子夏的学生们，担当打扫卫生、接待客人的工作，那是可以的，不过是末节小事罢了。但他们的学术基础却没有，这怎么可以呢？』

子夏听了这话，便说：『咳！子游说错了。君子的学术，哪些先传授呢？哪些后讲述呢？拿草木来做比喻，也是要区别为各种门类的。君子的学术，怎么可以歪曲呢？能有始有终的，大概只有圣人吧。』

子夏说：『出去做官，办完公事还有余力，就去学习；在家学习，完成了学业还有余力，就去做官。』

【品读】

『大德不逾闲，小德出入可也』，这句话说的是大的原则一定要坚持，小节上有点出入是可以的。有大智慧的人行为总是很超脱，他们襟怀坦荡，从不为一点鸡毛蒜皮的小事去斤斤计较。而有点小聪明的人却总是纠缠不清，鸡蛋里挑出骨头，无事也可以生非，这实在是很可悲。人生那么短暂，每个人都应该致力于让自己活得更有意义，怎么能为了些小事而让自己背上沉重包袱呢？

做人处世，很难面面俱到、完全符合规矩。子夏主张大德，大原则不要超出范围，不可以轻易变更，小的毛病大家都有，不要过分责备。当今有一种说法，叫作『大事讲原则，小事讲风格』。

这与子夏讲的内容，在精神上是一致的，值得对照和发扬。有一点必须加以说明，在律己方面，不能忽视小德。可以这样说，大德是小德的积累和叠加。

【故事】

虞延是东汉时陈留（今河南开封东南）人，长得非常威武，勇力过人，能肩扛千斤鼎奔走如飞，被人视为天神下凡。年轻时在家乡任户牖亭长。王莽称帝时宠幸魏贵人，朝中公卿及郡县官员对魏贵人的亲属及奴仆都畏之如虎。虞延听说后十分震怒，他采取突然行动将那些不法的家奴抓进监牢。王莽末年，天下纷争。虞延身披甲胄，日夜巡逻，维护方圆百里的治安，百姓才得以安宁。虞延在伏、腊之际，法外施恩破例允许监狱里的犯人回家与家人团聚。犯人们对他感恩戴德，都能如期返回。后来虞延辞职回到家乡。当地的太守宗富对虞延的贤名早有耳闻，请虞延出任功曹（郡中总务长，可参与郡中一切政务）。宗富生活奢侈，服装车马常常超过法定的标准，虞延认为这样下去迟早会触犯刑律，便劝谏说：『晏婴当齐国相国时，连一件像样的皮衣都没有；季文子为鲁国相国时，他的妻子从不穿丝绸衣物。从古至今，生活俭朴的人很少犯错误，请您留意。』但是宗富照样我行我素。不久，宗富的过分奢侈被大臣们参了一本，皇帝下令处以死刑。有一回，当刘秀的车驾进封丘门的时候，因城门狭窄，仪仗不能通过，一时路塞。刘秀大怒，命令痛打负责此次行动的侍御史一百鞭。虞延即向前跪倒请罪说：『城门狭窄是地方官的责任，侍御史没有责任，受过的应该是我。』刘秀听了觉得有理，便赦免了侍御史。虞延如此深明大义，在百官中传为美谈，他从此贤名远扬。虞延虽然在原则问题上十分精明，但在小事上却从不大留心，所以史传上说他，性敦朴，不注意细事（不拘小节）。

【原文】

子游曰：『丧致乎哀而止。』

子游曰：『吾友张也为难能也，然而未仁。』

曾子曰：『堂堂①乎张也，难与并为仁矣。』

曾子曰：『吾闻诸夫子：人未有自致者也，必也亲丧乎！』

曾子曰：『吾闻诸夫子：孟庄子②之孝也，其他可能也；其不改父之臣与父之政，是难能也。』

【注释】

①堂堂：外表美盛有气派。这里是说子张为学只讲外表，不重视内心的道德修养，所以下文说

难以和他一起达到仁。

②孟庄子：名连。鲁大夫仲孙蔑（孟献子）的儿子。

【译文】

子游说：『儿女在居丧时，内心表现出十足的悲哀也就可以了。』

子游说：『我的朋友子张真是难能可贵的了，然而还没有能做到仁。』

曾子说：『子张的学问表面上很堂皇，因而别人难以和他一起达到仁。』

曾子说：『我听老师说过，一个人平时的感情不会自动地表露出来，只有在遇到父母的丧事时才能这样吧！』

曾子说：『我听老师说过：孟庄子的孝行，其他方面别人都可以做得到，而他不变更父亲的旧臣和政治措施，则是别人难以做到的。』

【品读】

孝，指善事父母。孝有三等：『大孝尊亲，其次弗辱，其下能养』。孔子认为孝是『德之本』，人之最大罪恶为不孝。《孝经》上说：『夫孝，孝始于事亲，忠于事君，终于立身。』

不孝之人，即无德之人，处处被人戳脊梁骨；而心存孝道之人，却处处受人尊敬。由孝可见真情，真情是最能感动人心的。

儿女先要有孝心才谈得上孝道，没有孝心，孝道从何而来？一切孝的行为，都是从孝心开始的。

【故事】

据《史记·仓公传》记载，齐地有一人叫淳于意，家居临淄（今山东淄博市临淄区），曾做过太仓（城中粮仓）令。因素好医术，遂辞官前往同郡阳庆处学医。三年后学成，于是辞师回乡，为人治病。因淳于意医道高明，治好了不少疑难杂症，所以名声远扬，求医者甚多，每日门庭若市。

淳于意医术虽高，但日接百人，日久天长，颇感劳累。有时为避烦扰，淳于意往往离家出游，数日方归。如此一来，有些病重之人，得不到良医治疗而死，病人家属遂将怨气指向了淳于意。时日一长，积怨人增多，给淳于意带来了一场灾难。

汉文帝十三年（公元前167年）初，有人向官府告发淳于意，说他借医欺人，轻视生命。地方有司依告将他捉拿入狱，判为肉刑。因淳于意曾为太仓令，未敢擅施刑罚，于是上报朝廷。朝廷诏令，将他押赴长安。

淳于意无子，只有五女。临行，不由叹道：『生女不生男，急时无所用！』少女缇萦，听父叹言，救父之心油然而生，当即收拾行装，随父入都，设法相救。

一到长安，淳于意立即被下入大狱。缇萦暂住馆舍，苦思无良策，于是拼死上书，替父赎罪。

文帝闻有少女上书，颇为惊奇，忙令左右呈上。展开一看，只见书中写道：『妾父为吏，齐中皆称其廉平。今坐法当刑，妾切痛，死者不可复生，而刑者不可复续，虽欲改过自新，其道莫由，

终不可得。妾愿没入官婢，以赎父罪，使得改行自新也。』

文帝阅毕，既有感于一个弱女子竟有如此孝心，又有感于肉刑竟如此残酷。文帝手持缇萦之书，沉思了良久，遂提笔写了两道诏书：一诏写道：『特赦淳于意无罪，可挈女回家。』一诏写道：『诗曰：「恺悌君子，民之父母。」今人有过，教未施而刑加焉？或欲改行为善，而道毋由也。朕甚怜之！夫刑至断支体，刻股肤，终身不息，何其楚痛而不德也，岂称为民父母之意哉？其除肉刑。』

丞相张仓、御史大夫冯敬奉诏，遂将黥刑改为苦工；将割鼻改为笞三百；将断肢改为笞五百。自此，汉代肉刑皆被废弃。

由此可见，无论是古代天子，还是平民百姓，都将『孝』看得很重，很欣赏那些大『孝』之人。

【原文】

孟氏使阳肤①为士师，问于曾子。曾子曰：『上失其道，民散久矣。如得其情，则哀矜而勿喜！』

子贡曰：『纣[2]之不善，不如是之甚也。是以君子恶居下流[3]，天下之恶皆归焉。』

子贡曰：『君子之过也，如日月之食焉：过也，人皆见之；更也，人皆仰之。』

【注释】

①阳肤：据说是孔子的学生。

②纣：商代最后的君主，又称帝辛。

③下流：河的下游。这里比喻品行卑污，为众恶所归。

【译文】

孟孙氏任命阳肤做法官，阳肤去向曾子请教。曾子说：『如今执政的人不按制度办事，民心离散已经很久了。你如果能了解到百姓犯罪的真实情况，就应该哀怜他们，而不要（以为对他们做到了按法治罪）就沾沾自喜！』

子贡说：『商纣的坏处，不像现在传说得这么严重，所以君子最怕沾着恶名。一旦沾着恶名，天下什么坏的名声都会集中到他身上了。』

子贡说：『君子的过失如同日食和月食：犯错误的时候，人人都看得见；当改正的时候，每个人都仰望着。』

【品读】

孔子在处理过失和改过的关系方面，强调改过，他把道德修养过程也看作是改过迁善的过程。『君子之过也，如日月之食焉；过也，人皆见之；更也，人皆仰之。』君子的过错，好比日食和月食。他有过错，人人都看得见；他改正了，人人都仰望他尊敬他。

陶渊明说：『实迷途其未远，觉今是而昨非。』我们今天觉得昨天犯了错误，说明在错误的道路上走得还不算远，一切都还来得及。如果到快要进棺材时才发现自己错了，那只能用自己的经历去警示后人了。所以说，有了错误，不要否定自己，一定要敢于面对错误。敢于面对自己不足的人，是值得敬佩的，也是通向成功的条件。

【故事】

战国时候，赵国的国君因为蔺相如在完璧归赵和渑池之会两件事上立了大功，便拜蔺相如为上卿。这样，蔺相如的地位就在身经百战的老将廉颇之上了。

廉颇对此非常不服气，他觉得自己出生入死，为赵国立下了汗马功劳，而蔺相如只不过凭着一张嘴，地位就超过了自己，这也太不公平了！于是，他愤愤不平地扬言说：『如果让我再遇上蔺相如，我一定要当面羞辱他一番。』

有人把廉颇的话传给蔺相如。蔺相如以大局为重，尽量避免与廉颇碰面。他命令手下人说，以后如果遇到廉颇将军，一定要让开，不要和廉将军碰面。

有一次，蔺相如和一些手下人一起外出，远远看见廉颇的车马过来。听了禀报后，蔺相如赶紧命车夫把车子赶开，以躲避廉颇。廉颇经过以后，他们的车子才继续前行。后来又遇到廉颇几次，他都是这样做的。对此，廉颇感到很得意，而蔺相如的手下人却对蔺相如很不满。

蔺相如手下的人有一天都来找蔺相如，他们说：『您是国家的上卿，我们能够服侍您，觉得非常荣耀。可是我们也不知道您为什么会这样怕廉颇，论官职，您比他大；论功劳，您也不比他轻，为什么您要这样躲着他呢？难道您真是怕他对您不利吗？如果这样的话，那就太窝囊了，我们不愿意服侍这样的主人，所以我们决定还是离开得好。』

蔺相如对他们说：『你们说，是廉颇厉害还是秦王厉害？』手下人回答说：『自然是秦王厉害了。』蔺相如说：『既然是秦王厉害，那么，我敢当面斥责秦王，这难道不是有胆量的表现吗？我怎么会害怕廉颇呢？但是你们要想想，秦国为什么现在这么怕赵国，迟迟不敢来侵犯赵国呢？这是因为我敢于斥责秦王，而廉将军勇猛过人，我们两个的存在让秦王不敢轻举妄动。可是如果我们两个打了起来，结果肯定是两败俱伤，一定会给秦国可乘之机。如今我回避廉颇，这不是怕啊，我是必须忍下这种耻辱，要以国家利益为重啊。我之所以采取回避廉颇的做法，是出于这样的考虑啊。』

不久，蔺相如的话传到了廉颇的耳朵里。廉颇被蔺相如的高风亮节所感动，他想，『我的做法真是太过分了，蔺相如能这样地容忍我，完全是为了国家利益，而我这样地嫉恨蔺相如，却全是为了自己的怨气，我是多么不应该啊。不行，我要去给他道歉。』于是，廉颇命人拿来几根荆条，用绳子绑在背上，然后一路步行到了蔺相如的府上。见到蔺相如以后，他倒头便拜，对蔺相如说：『廉颇错了，特意来向您请罪。』蔺相如见廉颇屈尊前来，赶忙跪下迎接，并说：『廉将军不要这么多礼，我们都是为国家做事的人，不应该计较这些的。』

蔺相如把廉颇让进屋里，两个人推心置腹地交谈了一整天。从此以后，两个人结成了生死之交，一起辅佐国君治理国家。蔺相如的宽容大度和廉颇的知错能改，千百年来一直流传于世。

【原文】

卫公孙朝[①]问于子贡曰：『仲尼焉学？』子贡曰：『文武[②]之道，未坠于地，在人。贤者识其大者，不贤者识其小者。莫不有文武之道焉。夫子焉不学？而亦何常师之有？』

叔孙武叔[③]语大夫于朝曰：『子贡贤于仲尼。』

子服景伯[④]以告子贡。子贡曰：『譬之宫墙，赐之墙也及肩，窥见室家之好。夫子之墙数仞[⑤]，不得其门而入，不见宗庙之美，百官[⑥]之富。得其门者或寡矣。夫子之云，不亦宜乎！』

叔孙武叔毁仲尼。子贡曰：『无以为也！仲尼不可毁也。他人之贤者，丘陵也，犹可逾也；仲尼，日月也，无得而逾焉。人虽欲自绝，其何伤于日月乎？多[⑦]见其不知量也。』

陈子禽[⑧]谓子贡曰：『子为恭也，仲尼岂贤于子乎？』

子贡曰：『君子一言以为知，一言以为不知，言不可不慎也。夫子之不可及也，犹天之不可阶而升也。夫子之得邦家者[⑨]，所谓立之斯立，道之斯行，绥[⑩]之斯来，动之斯和。其生也荣，其死也哀。如之何其可及也？』

【注释】

①卫公孙朝：卫国的大夫。

②文武：指周文王、周武王。

③叔孙武叔：鲁国大夫，三桓之一，名洲仇。

④子服景伯：鲁国大夫，名何。

⑤仞：长度单位。古代以七尺或八尺为一仞。

⑥官：房舍。这是『官』的本义，『官职』是后来引申之义。

⑦多：副词，只，仅仅。

⑧陈子禽：姓陈，名元，字子禽。

⑨得邦家者：指当上诸侯或卿大夫。

⑩绥：安，安抚。

【译文】

卫国的公孙朝问子贡：『仲尼的学问是从哪里学来的？』子贡说：『周文王、武王的道术并没有失传，还在人间流传。贤能的人能记住根本的部分，不贤能的人只能记住其中末节的东西。没有地方没有文王、武王的道术。我的老师何处不能学呢？而又何必要有固定的老师呢？』

叔孙武叔在朝廷中对大夫们说：『子贡比他的老师仲尼还要强些。』

子服景伯把这话告诉了子贡。子贡说：『拿房屋的围墙做比喻：我家的围墙只有齐肩膀那么高，人们可以从墙外看到房屋的美好。我老师家的围墙有几丈高，如果找不到大门进去，就看不见里边宗庙的雄伟富丽以及房舍的多式多样。能够找到大门的人大概不多吧，那么，武叔他老人

家的这话，不也是很自然的吗？』

叔孙武叔诋毁仲尼。子贡说：『不要这样做！仲尼是诋毁不了的。别人的贤能好比山丘，还可以翻越过去；而仲尼就是太阳和月亮，是无法超越的。有人即使想自绝于太阳和月亮，那对太阳、月亮又有何伤害呢？只不过表明他不自量力罢了。』

陈子禽对子贡说：『您对仲尼那么恭敬，难道他比您还强吗？』

子贡说：『君子说一句话可以表现出他的聪明，也可以表现出他的无知，所以说话不可不谨慎。我的老师是不可赶上的，就好像青天不可以用梯子一级级地爬上去一样。我的老师如果当上诸侯或卿大夫，那正如我们所说的，他要百姓站住脚跟，百姓便都站住脚跟；引导百姓前进，百姓自然会前进；要安抚百姓，百姓自然会前来投奔；要动员百姓，百姓就会合力响应。他老人家生得光荣，死得可惜，令人悲哀。别人怎么能赶得上呢？』

【品读】

每个人都希望自己具有良好的品德，《吉祥经》上也说：『布施是良好的品德，要尽力帮助亲戚朋友，行为上没有一点污点，这样才是最大的吉祥。』但良好的品德并不是你想得到就能得到的。

具有良好品德的人不仅能赢得对方的心，而且还能赢得周围人的心。

在人的一生中，道德品格会起到重要作用，具有好的品德，可终身受益。

【故事】

郭汲，东汉人，官至大司空、太中大夫，为官清廉以信义为先，一心为百姓谋福祉。他做并州太守时，勤政爱民，常常微服私访，解决民生疾苦，整顿吏治，平了许多冤假错案，有功于民，因此百姓一直感念他的恩义，敬仰他的为人。郭汲每经过一县一乡，老老少少都夹道欢迎。

一次，郭汲至各地州县巡查吏治情况，带着几名随从骑马赶往西河郡美稷县。还没有进城，就看到有几百个儿童，各自骑着竹马，在道旁拜迎。郭汲问道：『孩子们为什么自己跑这么远来？』孩子们回答说：『听说使君来到，非常高兴，所以前来欢迎。』郭汲闻言赶忙下马，辞让致谢，在众小孩的簇拥之下进了县城。

郭汲在美稷县衙，详细阅读了近年来的所积案卷，有错判疑案的就马上调出重新审理；又查访民情，慰问贫苦。所到之处，百姓欢欣，多有馈赠礼物者，然则一律不取。

事办完了，又要到下一个县考察。刚到城门口，没想到众孩童骑着竹马又来相送，一直送到了城郊外，问他：『使君哪一天返回再经过，到时还要来迎送。』郭汲叫别驾从事计算日程，告诉了他们。

郭汲在下一个县巡视非常顺利，比原定日期早一天回来。他为了不失信于孩子们，于是在野外亭中露宿了一夜，等到第二天才入城。

郭汲以太守之尊，与骑竹马的小孩子在道边野外说的话，都不肯失信，更何况于重大的事情呢！回来早了一天，宁可夜宿山野小亭也要信守自己说出的话，因此而能够成就伟大的功业。光武帝称赞他的德行说『信之至矣』。后人以『郭汲待期』为重守约信之典实。

尧曰第二十

【原文】

尧曰：『咨[1]！尔舜！天之历数[2]在尔躬，允[3]执其中。四海困穷，天禄永终。』舜亦以命禹。

曰：『予小子[4]履敢用玄牡[5]，敢昭告于皇皇后帝[6]：有罪不敢赦，帝臣不蔽，简[7]在帝心。朕躬有罪，无以万方；万方有罪，罪在朕躬。』

周有大赉[8]，善人是富。『虽有周亲，不如仁人。百姓有过，在予一人。』

谨权量[9]，审法度，修废官，四方之政行焉；兴灭国，继绝世，举逸民，天下之民归心焉。

所重：民、食、丧、祭。

宽则得众，信则民任焉，敏则有功，公则说。

【注释】

①咨：感叹词，无义。

②历数：相当于现在所说的天数。

③允：得当。一说，是诚实、认真的意思。

④予小子：上古帝王自谦之辞。

⑤玄牡：黑色的公牛。

⑥后帝：指天帝。

⑦简：简阅、考察。

⑧赉：赐予。

⑨权量：权量轻重的衡量，量就是容量，概指度量衡。

【译文】

尧说：『啊！舜啊，上天的运数落在了你的身上，得当地把握住它的正道。如果天下都困顿穷苦，上天的禄位就会永远终止。』舜也用这番话来告诫禹。

成汤说：『在下后生履，冒昧地用黑色的公牛来明白地禀告伟大的天帝：有罪的人我不敢擅自赦免，您的臣属我不敢掩蔽遗漏，请天帝加以鉴察。我个人有罪，不要加罪于四方诸侯；四方诸侯有罪，责任在于我个人。』

周室得到上天的赏赐，善人得以富有。周武王说：『即使有亲近的亲属，不如有仁德的人士。百姓有过错，责任在我一人。』

慎重地确定度量衡，审察礼乐制度，恢复废弃的官职，政令就能在全国通行；复兴灭亡的国家，承续断绝的世族，举用隐逸的人才，天下的民众就会从内心归服。

应该重视民众、粮食、丧葬、祭祀。

宽厚就会得到众人拥护，诚实就会得到民众的信任，勤敏就有成绩，公正就能使众人悦服。

【品读】

『百姓有过，在予一人』，这是执政者以天下为己任的最古老、最有力的表述。究竟什么样的人才是最好的为政者，才能真正治理好国家？人们当然都会想到有才能者，但仅仅有才能，并不见得是『最好』的。一个真正有大作为的人，首先要有以天下为己任的情怀和先国后家的精神。否则，即使有一些看得见的『政绩』，而不能以德化民，使天下归心，长治久安，又怎能算得上好的为政者？

此外，一个国家的建设，离不开法制建设，法制又是建立在公平正义的道德原则之上的。做到公平公正，自然人心敬服，领导者的威望自然树立起来，这种威的效果比以刑罚所立的威更有效，也更长久。

【故事】

周公姓姬名旦，是西周文王的儿子、武王的弟弟。周公，是人们对他的尊称。文王死后，周公辅佐武王讨灭残暴的商纣王，建立了周王朝，是周朝功劳卓著的开国元勋。

武王灭殷以后，遍封功臣宗室。受封的诸侯都忙着赶到自己的封国，辟地斥土，招民纳税。周公被封到曲阜，称鲁公。他看到国家刚刚建立，天下尚未安定，诸侯叛乱不断，朝廷的礼乐制度也亟待建立。在这个时候，自己不能只顾经营个人的封国，享受王侯之乐，而弃国家急难于不顾。于是，他让儿子代替自己管理封国，自己留在京师，帮助武王处理国政。

周公贵为天子之弟，又是执掌国政的重臣，从不把地位和职权当作特权和享乐的资本。相反，他更加勤勉谨慎，每天都勤勤恳恳地为国事操劳，唯恐因为自己的怠慢和过失给国家造成损失。

当时，各地很多贤良之士来到周朝投效，周公非常恭敬地接待他们。如果他正在吃饭，宁肯把口中的饭食吐出来，也不咽下饭食而让贤士多等片刻；他若正在洗发，会马上停止，把头发挽起，决不让贤士等他洗完发。有时，他甚至一饭三吐哺，一沐三挽发，他这种恭谨勤勉地对待政事和礼贤下士的精神受到天下贤士的敬重。

武王死后，成王年纪尚幼，周公担心主轻国危，诸侯乘机叛乱，就决定自己代替成王执掌国政。周公的哥哥管叔和弟弟蔡叔心怀不轨，到处散布谣言，说周公要加害成王，自己当国君。一些人误解周公，以为他真的要取成王而代之，一时间谣言四起，对周公很不利。

周公想到，国家正处在危机时期，如果自己为了顾及名声，回避谣言，放弃摄政，可能会使周朝几代人艰苦创立的事业毁于一旦。于是，他默默忍受着人们的误解，不顾流言中伤，尽心竭力地主持国政。他执政七年后，见成王长大成人，可以临朝听政了，就将国政交还给成王，自己每天仍然站在臣子的位置上，恭敬谨慎地听从成王的命令。

成王执政后，却听信了别人对周公的诬告，周公只得离开朝廷，躲到楚地。一次，成王在内府发现周公的一篇祷告文，是以前自己生病时，周公向河神祝告，请求河神让成王早日康复；并且在文中说为了周国的安宁，自己愿意代替成王受到神的处罚。后来，成王又发现另一篇祷告文，内容是早年武王病情垂危时，周公请求天神，说自己愿意代替武王去死。这两篇祷告文深深感动了成王，他明白了周公对国家是一片赤诚忠心，自己却误信谣言，让他离开朝廷。成王又悔又恨，失声痛哭，亲自去请求周公原谅，把他请回朝廷。

周公回来后，仍然尽心竭力地辅佐成王。直到他病逝前，还嘱咐亲人把自己埋葬在成周，永远不离开成王。

【原文】

子张问于孔子曰：『何如斯可以从政矣？』子曰：『尊五美，屏①四恶，斯可以从政矣。』子张曰：『何谓五美？』子曰：『君子惠而不费，劳而不怨，欲而不贪，泰而不骄，威而不猛。』子张曰：『何谓惠而不费？』子曰：『因民之所利而利之，斯不亦惠而不费乎？择可劳而劳之，又谁怨？欲仁而得仁，又焉贪？君子无众寡，无小大，无敢慢，斯不亦泰而不骄乎？君子正其衣冠，尊其瞻视，俨然人望而畏之，斯不亦威而不猛乎？』子张曰：『何谓四恶？』子曰：『不教而杀谓之虐；不戒视成谓之暴；慢令致期谓之贼；犹之与人也，出纳之吝谓之有司②。』

【注释】

①屏：除。

②出纳之吝谓之有司：出纳，这里是支出的意思。有司，管理某一具体事情的官称有司，这里指管理财务的官。

【译文】

子张问孔子：『怎样才可以做官管理政事？』孔子说：『尊崇五种美德，摒弃四种恶政，这样就可以做官管理政事了。』子张说：『五种美德是什么？』孔子说：『给老百姓施以恩惠，对自己却没有什么耗费；役使人民而人民不会怨恨；有求仁德的欲望但不贪图财利；庄重而不骄傲；威严但不凶狠。』子张问：『什么是给老百姓施以恩惠，对自己却没有耗费呢？』孔子说：『顺着老百姓可以得利方面引导他们去做能得利的事，这不就是给老百姓以恩惠，对自己却没有耗费吗？选择合适的时间使老百姓劳作，又有谁会怨恨呢？自己想求得仁德而得到了仁德，又怎么能说是贪图财利呢？君子处事，在任何环境当中都没有人多与人少，大事与小事的区别，对于任何事情都不怠慢，这不就是庄重而不骄傲吗？君子衣冠整齐端正，目光严肃庄重，使人望而生畏，这不就是威严但不凶狠吗？』子张又问：『四恶是什么？』孔子说：『不教化而犯了罪就杀叫作虐；不先告诫而马上检查成果叫作暴；督促不严，到时又要限期完成叫作害人；同样是给别人赏赐，出手的时候却又很吝惜，这是有司这样小官的作风。』

【品读】

这一段说的是子张向老师进一步讨教如何才能治理好国家政治的问题。孔子提出崇尚五种美德、摒除四种恶政的主张，既有正面的要求，也有负面的告诫。其中包含丰富的民本思想，比如，『因民之所利而利之』『择可劳而劳之』，反对『不教而杀』『不戒视成』的暴虐之政等。从此处可以看出，孔子对德治、礼治社会有自己独到的主张，在当今仍有其重要的借鉴意义。

【故事】

明代名臣于谦是一位军事家、政治家，他一生勤政爱民，刚直不阿，留下了千古美名。

幼年时期的于谦聪明好学，有『神童』的美誉，十五岁中秀才，二十三岁进举人，二十四岁为进士。在出任江西巡按后，他不畏权贵，平反冤狱，打击豪强，震动官场，名声大振。宣德五年（1430年），河南、山西灾荒严重，朝廷拟派大员前往治灾，明宣宗亲笔书写了于谦的名字，授给吏部，破格提拔于谦为兵部右侍郎，巡抚河南、山西。

于谦肩负重任，匆匆上路赴任了。为了了解当地的详细情况，他『朝在太行南，暮在太行北』。

大灾之后的一片惨景深深地震撼着他的内心。由于历任地方官不谋民生，只知道搜刮民脂民膏，辛苦终年的农民到头只能用粥菜充饥，一遇灾荒绝收，面临的就是绝境。于谦上书请求朝廷拨款三十万两，开仓放粮，赈济饥民，并严令地方官秉公办事，严禁克扣中饱，违者严惩。这一举动，把几十万灾民从死亡线上解救了下来。为了使人民度过荒年，于谦还下令将一些地方仓库的存粮减价卖给农民，还免去了一些地方百姓的田租劳役。为了抑制灾后疫病的流行，他还设立了惠民药局，免费为百姓治病。

于谦在河南、山西任职长达十九年之久。这一地区历来多灾，尤以河南为甚。为给人民筹长远之利，他做了一项规定：每年三月青黄不接之时，官府借粮给贫苦的百姓，待秋后归还；对实在无力偿还者可酌情免掉他们的借粮；州县官每年必须备足粮食，否则，任满当迁者不许离任。人民亲切地称他为『于青天』。

从三十三岁起任兵部右侍郎，巡抚河南、山西时起，于谦就官居高位，但他一生两袖清风，清廉自守，把名节之事看得很重。他认为金钱会损害名节，聚敛金钱的人即使逃过了国法，也逃不过公议。他为官从不搞排场，都是轻车简从，也从不请客送礼。当时地方官进京办事，按例要带很多钱物，以疏通关系，而于谦每次都空手入京。有人劝他说：『你不带金银，也应带点手帕、蘑菇、线香之类的土产。』可是，于谦却作诗一首以明己志：

手帕蘑菇与线香，本资民用反为殃。
两袖清风朝天去，免得闾阎话短长。

【原文】

子曰：『不知命，无以为君子也；不知礼，无以立也；不知言，无以知人也。』

【译文】

孔子说：『不懂得天命，就不能做君子；不懂得礼，就无法在社会上自立；不辨别言语的是非，就无法了解别人。』

【品读】

所谓『识时务者为俊杰』，孔子说的『命』就是『天命』，就是时势时务，是一种必然趋势。在『天命』面前，只能是顺之者存、逆之者亡。无论是常人还是伟人，无论是立身还是处世，都必须首先认真细致地去『知天命』，把握『天命』。

孔子在这里讲的天命，其含义是指人力无法违背和抗拒的自然历史规律。正因为人没有办法对其加以直接地转变，所以叫『命』，『天命』即客观规律和时代趋势。不洞察时局，不掌握趋势，不把握现实，就没有做『君子』的凭借和资格。反过来说，一个人应该以顺应时代趋势作为立身处世、成事谋业的基本依据。这对于我们做事做人，尤其是在面临人生抉择和大事危局的时候，具有很强的指导意义。

【故事】

周朝分封宗室子弟，王位传袭八百多年；秦朝废除分封制，到秦二世就灭亡；汉初吕后想危害刘氏天下，最后也是靠刘氏宗室子弟的力量才获得安定。唐太宗从历史的正反经验中得出结论：分封皇亲贤臣，是使子孙绵延长久、社稷长治久安的好办法。于是唐贞观十一年（637年），他就定下制度，将皇室子弟荆州都督李元景、安州都督吴王李恪等二十一人，又加上功臣司空赵州刺史长孙无忌、尚书左仆射宋州刺史房玄龄等十四人，一并封为世袭刺史。

这一重大举措，立即遭到臣属们的议论。许多大臣建议李世民收回成命，并放弃分封制度。李世民则认为这是借鉴历史的经验、遵从古代的法规，没有错，所以不愿意放弃。直到礼部侍郎李百药上了一道奏折，劝谏唐太宗应注重古今区别，不可墨守成规、刻舟求剑而行世袭封爵，李世民才幡然醒悟。

李百药在其奏章中慷慨陈词，分析了商周时代实行分封制之所以成功的时代背景，总结了晋代分封失败的教训，然后一针见血地指出：『不具体分析前朝前代的历史，不注重当朝当代的实际，只是笼统地说某种制度优、某种制度劣，一味地遵从古制，那就无异于刻舟求剑，作茧自缚。』

唐太宗李世民看过奏章，觉得李百药态度中肯，道理深邃，论据可信，便采纳了李百药的意见，取消了宗室子弟及功臣世袭刺史的诏令。

一开始，李世民自以为是地采取了分封子

弟为世袭地方大员的措施，殊不知这种做法根本不适合当时的社会经济状况。因此，当有远见的李百药上书之后，李世民也认识到了自己的错误，即使贵为皇帝，违背了『天命』也照样会遭到历史规律的惩罚。李世民的开明之处，在于他能够很快改正错误并回到正确的轨道上来，从而避免了让整艘社稷大船走向不可预测的航道。

附录 《论语》其书

一、《论语》释名：论是读二声还是四声

『论语』之名，始见于《礼记·坊记》：

子云：『君子弛其亲之过而敬其美。』《论语》曰：『三年无改于父之道，可谓孝矣。』

可见战国时期，《论语》已经成书，其后弟子可能又有损益。至于文本章句的整理工作，则一直延续到西汉中期。

『论语』一词，自古就有不同的解释，主要有三种。现在比较通行的是采用班固《汉书·艺文志》的解释：『《论语》者，孔子应答弟子、时人及弟子、相与言而接闻于夫子之语也。当时弟子各有所记，夫子既卒，门人相与辑而论纂，故谓之论语。』则班固以为『论』就是论纂之义，盖以论为『抡』之假借。《说文》：『抡，择也。』在这个意思上，『论』读二声。

第二种意见，认为『论』就是议论、讨论的论。皇侃《论语义疏》载此说云：『言此书出自门徒，必先详论，人人佥允，然后乃记，记必已论，故曰论也。』就是说《论语》一书，是门徒经过充分讨论，大家都同意之后才记载下来的言论。因为所记的话语，都是经过论证的，所以称『论语』。在这个意义上，『论』读四声。

第三种意见，认为『论』是伦理，有理智的意思。此说也见于皇侃《论语义疏》，云『论』同『伦』：『伦者，理也，言此书之中，蕴含万理也。』这些解释都有一定道理，不过，我认为第三种意见最值得重视。先秦古书往往是抽取开头话中几个字，或者用学派创始者的名字，或者根据内容来命名。上面对『论语』的前两种解释都不是古书命名的通例。『论语』这个名字，可能是根据内容的特点来命名的。《论语》记录的是孔子及其弟子的言论，间有少量有关孔子的行为。所记之言论，言简意赅，多富含哲理，耐人寻味。何晏《论语集解》引刘向云：『《鲁论语》二十篇，皆孔子弟子记诸善言也。』所谓『论语』，就是蕴含伦理的话语，犹刘向所谓『善言』，今日所谓『格言』『箴言』或者『哲理之言』。『论』字从仑，从仑之字多含理致之义。《说文》：『仑，思也。』段注：『龠下曰：「仑，理也。」大雅毛传曰。论，思也。按论者，仑之假借。思与理，义同也。思犹鰓也，凡人之思必依其理。伦、论字皆以仑会意。』《说文》：『论，议也。』段注：『论以仑会意……凡言语循其理，得其宜谓之论。故孔门师弟子之言谓之论语。皇侃依俗分去声平声异其解，不知古无异义，亦无平去之别也。』班固说『论』为论纂，论纂则必有一定的条理，可能也是兼包『理致』之义而言。

《论语》的编纂跟佛经类似。释迦牟尼涅槃之时，没有留下任何文字记录。弟子们恐怕时间久远之后，佛陀的教义会失传，所以举行了一些聚会，互相讨论、整理和印证佛陀生前的言论，把那些可靠的、重要的言论汇集起来，成为各种佛经。所以佛经的编纂，也有「议论」和「论纂」的过程。每一部佛经的开头，都写上「如是我闻」，表示这些言论都是从佛陀那里听来的。《论语》每一章的开头，都记上「子曰」，也是这个意思。

二、《论语》的编者

《论语》的编者是孔门弟子，这一点是毋庸置疑的。但是具体来说，到底是由哪些人编纂的，前人有过很多推测，主要方法是考察书中对孔门弟子的称谓细节。影响比较大的有三种意见：

(1)郑玄在《论语序》中说是仲弓、子游、子夏等人编纂的，但是并没有说明理由。推测郑玄的意思，可能是说《论语》是由孔子的那些高才弟子编定的，并不见得就只是这两三个人。

(2)唐柳宗元《论语辨》中认为《论语》是曾子的弟子编纂的，因为《论语》所记弟子中，曾子最后死，而且曾子跟有子称子。他认为有子称子，是因为他长得像孔子，所以弟子尊敬他；曾子称子，则是因为《论语》就是他的弟子乐正子春、子思之徒所记。

(3)宋程颐《经说》认为《论语》的编撰者是有若和曾子的门人。《论语》中孔子的弟子一般都以字称，称「子」的，只有有若和曾子，其他闵子、冉有各称子一次。

另外，南宋胡寅《论语详解》认为《宪问》一篇为原宪所记，因为弟子一般都称字，而此篇一开始就说「宪问耻」，称名，故为原宪自记。

诸如此类的说法，虽然有一定的道理，但都没有有力的证据。我的意见是：我们只要知道《论语》一书，并非成于一人之手，亦非成于一时，就可以了，而这正是先秦古书流传的通例。所以《论语》中常常会出现前后重复的现象。例如『子曰：巧言令色，鲜矣仁』一章，既见于《学而》，又见于《阳货》。『三年无改于父之道，可谓孝矣』，既见于《学而》，又见于《里仁》。『子曰：不在其位，不谋其政』一章，既见于《泰伯》，又见于《宪问》。

三、《论语》探源

《论语》之源，包含两个方面的问题：

第一，从体裁上讲，《论语》是一部语录体书，来源于古代的格言体著作。

中国古代非常重视对历史以往经验的总结，因而史书很发达。先秦时代的史书有记言和记事二体。《汉书·艺文志》云：『左史记言，右史记事。事为《春秋》，言为《尚书》，帝王靡不同之。』记言的代表是《尚书》《国语》。这类书在古代有非常重要的地位。《战国策》，以及马王堆出土帛书中有《春秋事语》，也都是类似的书。

在记言体的史书中，有一种别体，是古代格言、谚语的汇编。这类书以往没有得到足够的重视，但确实源远流长。

《老子》就是古代格言的汇编，老子曾任周的史官，古代史官有整理和编纂格言的传统。例如《逸周书》有《周祝》篇，也是古代格言的汇编，而名为『周祝』，祝即是史官的一种，主言辞。在马王堆帛书中有一篇《称》，也是格言汇编。郭店楚简中有《语丛》，共四篇，也是同类的作品，有些内容直接见于《论语》。例如《语丛三》：『志于道，据于德，比于仁，游于艺。』即《述而》：『子曰：「志于道，据于德，依于仁，游于艺。」』《语丛三》：『毋意，毋固，毋我，毋必。』见于《子罕》『子绝四——毋意，毋必，毋固，毋我。』古人非常重视搜集和整理这些格言或谚语，因为这是以往经验和知识的结晶。在先秦古籍中，例如《诗经》《易经》《国语》《左传》以及最近出土的郭店楚简、上博楚简中，经常出现『谚曰』『君子曰』『古人有之曰』『闻之曰』等引文，说明这些格言被大量引用。

《论语》的编纂思路，也是出于同样的格言汇编传统。其特殊之处，仅仅在于这些格言或者说『善言』（刘向语），都是孔子说过的话，都是孔门弟子从老师那里听到的格言。值得注意的是，孔子本身也可能是从别处听来的，不一定是他自己的发明创造。例如《颜渊》篇：『颜渊问仁。子曰：「克己复礼为仁。」』《左传》昭公十二年：『仲尼曰：「古也有志：克己复礼，仁也。」』可见《论语》所谓『克己复礼』，是孔子引用了古代的《志》书。

对于格言的重视，世界各地都是如此。《圣经》中专门有一部分叫作《箴言》，也是类似的东西。

第二，从内容上讲，《论语》讲的都是孔门弟子的事迹和言论，来源于春秋战国时代儒家的传记类著作。孔子之后，儒家形成，儒门弟子多所撰述。这些著作大致可以分为两类，一类是对于经典的阐释和学说的发挥，例如春秋三传、大小戴《礼记》等。这是古代意义上的『传记』，即对于经典的阐释。另一类是对于儒家创始时代的孔子及其弟子们生平事迹的记述，《论语》就是其中的典型代表。因此，司马迁作《史记》，就大量采用了《论语》的材料来撰写《孔子世家》和《仲尼弟子列传》。这是现代意义上的『传记』。

在先秦时代，这一类的书不止《论语》这一种。《汉书·艺文志》记载《论语》一类的书，除了《论语》之外，还有《孔子家语》二十七卷，《孔子三朝》七篇，《孔子徒人图法》二卷。其他还有孔子《弟子籍》等。今本《孔子家语·后序》云：『《孔子家语》者，皆当时公卿士大夫及七十二弟子之所咨访，交相对问言语者。既而诸弟子各自记其所问焉，与《论语》《孝经》并时。弟子取其正实而切事者，别出为《论语》，其余则都集录，名之曰《孔子家语》。』这是认为《孔子家语》是《论语》选编之余。这一看法虽然不见得正确，但如果说《论语》和《孔子家语》是同类的著作，应该是没有问题的。今本《孔子家语》历来被认为是魏晋间人们伪造，一般把伪造者定为王肃，其实这是偏见，不可信。1973年河北定县八角廊汉墓出土《论语》和《儒家者言》两种古籍，其中《儒家者言》可以跟今本《孔子家语》的内容对起来，可证今本《孔子家语》虽然经过了后人的改编整理，但是其材料都是有来源的，绝非后人伪造。两者同出一墓，《论语》抄于16.2厘米长的竹简上（约合当时七寸），《儒家者言》抄于11.5厘米长的简上（约合当时五寸），可见两者之间的密切关系，以及在当时地位的差别。《孔子三朝》今有存于《大戴礼记》者，颜师古注云：『盖孔子对鲁哀公语也。三朝见公，故曰三朝。』《孔子家语》中也有孔子对鲁哀公问的篇章。因此，《孔子三朝》也是记载孔子言论的书，与《孔子家语》《论语》性质相同。

这些材料，都是孔门弟子各记孔子言行，逐渐汇编而成的。原始《论语》的编纂，当是从这些材料中选择辑录而成，在流传过程中可能又经过不同的人增减。

上述孔门弟子的两类『传记』之间，是有交叉的。记述孔子及其弟子的生平事迹，不可避免地会有很多阐发他们思想学说的材料；而阐发儒家思想的著作中，也不可避免地会牵涉很多孔门弟子的生平事迹。例如《孔子家语》中就有很多与大小戴《礼记》相重的内容。《论语》中的很多言论，是有关为人处世的基本原则和教养的，这一类言论，都跟礼有关。所以有些学者会注意到《论语》与《礼记》类著作有关。《论语》中的《乡党》一篇，与其他篇的体裁迥异，是夫子日常言谈举止的记录，跟《仪礼》的性质相同，区别只是《仪礼》是官方规定的礼仪规范，而《乡党》则是孔子对于礼仪的实践，弟子仰慕之，汇编而成为门人的行为规范。《论语》跟一般的礼记类著作相比，一个重要的差别，是在于它专门记载孔子及其弟子的言行。

四、《论语》的传承

《论语》成书虽然在战国时期，但是秦以前《论语》的流传情况，今天已不可知，我们只能从汉代讲起。

（一）《论语》在汉代的地位

汉初儒家经典有五经、六经之称，《论语》类的著作在汉代只能算作传记类。杨雄《法言·孝至》：『吾闻诸传，老则戒之在得。』此语出《论语·季氏》，而称传。《汉书·杨雄传》赞曰：『以为经莫大于《易》，故作《太玄》，传莫大于《论语》，作《法言》。』也称传。《后汉书·赵咨传》载赵咨之遗书云：『记曰：「丧，与其易也，宁戚。」』此语出《论语·八佾》，称为记。赵岐《孟子题辞》：『孝文皇帝欲广游学之路，《论语》《孝经》《孟子》《尔雅》皆置博士。后罢传记博士，独立五经而已。』则笼统称为传记。

汉代《论语》虽被称为传记，但是其实际地位却与经相去不远。《汉书·艺文志》『六艺略』有九类，六经之后，有《论语》、《孝经》、小学。《汉书·宣帝纪》记载甘露三年（公元前51年），汉宣帝命令在石渠阁：『诏诸儒讲五经同异，太子太傅萧望之等平奏其议，上亲称制临决焉。』而《汉志》『论语』类中又有《议奏》十八篇，班固自注云：『石渠论。』则所谓『讲论五经同异』的同时，也讲论《论语》。可见汉代《论语》无经之名，却有经之实。

《论语》和《孝经》是汉代儿童小学阶段的必读书，学完了《论语》和《孝经》之后，才开始读五经。东汉崔寔的《四民月令》云：『十一月，砚水冻，命幼童（谓九岁以上十四以下）读《孝经》《论语》篇章，入小学。』『正月，农事未起，命成童以上，入大学，学五经。』西汉的情况也大体如此。因此，汉代学者没有不修习《论语》的。

王国维云：

> 汉人就学，首学书法，其业成者，得试为吏，此一级也。其进则授《尔雅》《孝经》《论语》……且汉时但有受《论语》《孝经》小学而不受一经者，无受一经而不先受《论语》《孝经》者。《汉书·昭帝纪》诏曰：『朕通《保傅传》《孝经》《论语》，《尚书》未云有明。』《宣帝纪》霍光议奏曰：『孝武皇帝曾孙病已，有诏掖庭养视，师受《诗》《论语》《孝经》。』《疏广传》：『在位五岁，皇太子年十二岁，通《论语》《孝经》。』《后汉书·范升传》：『九岁通《论语》《孝经》。及长，习《梁邱易》《老子》，教授后生。』《后汉书·邓皇后纪》『六岁能史书，十二通《诗》《论语》。』《顺烈梁皇后纪》『九岁能诵《论语》，治《韩诗》。』《马严传》马续『七岁能通《论语》，十三明《尚书》……』《荀爽传》：『年十二，通《春秋》《论语》。』《论衡·自纪篇》：『手书既成，辞师受《论语》《尚书》，日讽千字。』此数事，或举《论语》以该《孝经》，或但受《论语》而不及《孝经》，均不可考，要之，无不受《论语》者。（汉人受书

次第，首小学，次《孝经》《论语》，次一经。此事甚明。诸书或倒言之，乃以书之尊卑为次，不以受书之先后为次。受书时由卑及尊，乃其所也。）《汉官仪》所载博士举状，于五经外，必兼《孝经》《论语》。

汉以后有「七经」之称，《后汉书·赵典传》李贤注引谢承《后汉书赵典传》：「典学孔子七经、河图、洛书，内外艺术，靡不贯综，受业者百有余人。」又《三国志·蜀书·秦宓传》：「蜀本无学士，文翁遣相如东受七经，还教吏民，于是蜀学比于齐鲁。」所谓「孔子七经」和司马相如所受「七经」，很可能就是五经加上《论语》和《孝经》。徐复观《中国经学史的基础》说：

《论语》及《孝经》皆传而非经，未立于学官，故《儒林传》未记其传授情形。然两书在两汉所发生之作用，或且超过五经，实质上汉人即视之为经，故五经皆有纬，而《论语》《孝经》亦有纬。纬对经而言，东汉遂有七经、七纬的名称。刘歆《七略》即以《论语》《孝经》入六艺略，《汉志》因之。

看来，很可能东汉末期就已经有「七经」的说法了。

（二）汉代的三家《论语》

战国时代，七国疆域的划分对于汉代的影响非常大，在学术上也是如此。汉代学术是战国时代学术的延续和发展，战国几百年国别的划分，使得学术的传承在七国各自呈现出某些特色。汉代学术以儒家为主，儒学在战国时代就是齐鲁最盛，到了汉代依然如此。秦始皇焚书，汉兴，学术皆复兴于齐鲁之间。汉代依然有齐学和鲁学之别，另外，燕学也颇有影响，可能因为地近齐鲁，相互影响，又自成风气。当时《诗》有齐诗、鲁诗、韩诗三家，韩诗即燕学。《尚书》传自济南伏生。《礼》自鲁高堂生。言《易》则皆本之齐人淄川田生。《春秋》学有齐鲁胡毋生，于赵自董仲舒。《谷梁》传自鲁人申培，齐人瑕丘江公名家。而《公羊》学称为齐学，《谷梁》学称为鲁学。《汉书·儒林传》云：『宣帝即位，闻卫太子好《谷梁春秋》，以问丞相韦贤、长信少府夏侯胜及侍中乐陵侯史高，皆鲁人也。言谷梁子本鲁学，公羊氏乃齐学也，宜兴《谷梁》。』

鲁地之学与齐地之学在风格上有很大的差异。孔子之学本兴于鲁，鲁学较近孔子原始之学。大致而言，鲁学较纯朴，谨守先师之学，比较接近于文本本意的追求。齐学可能受了燕齐海岱之间方士的影响，好言命理，多采杂说，善于与时俱进，根据现实需要说解经义。蒙文通《经学导言》说：『鲁学是谨守旧义的，齐学是博采杂说的，一个纯笃，一个浮夸。』推其源，盖鲁国在孔子时代即已沦为小国，其国谨守周公之礼乐制度，至孔子而整理之，改革之以切实用，后世沿袭之。终鲁之亡，其国之学术不出儒学之范围。世人褒之谓之纯粹，贬之谓之守旧，迂远而阔于事情。而齐国自太公以来，其学即杂采百家，为我所用；自管子以下，以务实强国；威宣以下，又成开放之心态，广邀天下之学者，聚于稷下，各派学者，相互争论激励，各采所长。故齐学乃开放之体系，博大而杂，而鲁学乃相对封闭之体系，以礼乐为宗，不贪多务得，而求精深谨慎。齐学开放，故易变化，容易融合；鲁学封闭，故易保守，而其特性反为鲜明。

汉代《论语》的传授主要也是《齐论》和《鲁论》，后来又有《古论》。刘向《别录》云：『鲁人所学谓之《鲁论》，齐人所学谓之《齐论》，合壁所得谓之《古论》。』另外《汉志》又有『燕传说三卷』，可见燕地也有《论语》的学说流传，不过，似乎对后世没有什么影响。

1.《齐论》和《鲁论》

《汉书·艺文志》：『汉兴，有齐鲁之说。传《齐论》者，昌邑中尉王吉、少府宋畸、御史大夫贡禹、尚书令五鹿充宗、胶东庸生，唯王阳名家。传《鲁论语》者，常山都尉龚奋、长信少府夏侯胜、丞相韦贤、鲁扶卿、前将军萧望之、安昌侯张禹，皆名家。张氏最后而行于世。』本文结合《汉书》各学者的传记、何晏《论语集解》、陆德明《经典释文》，来大致分析一下汉代《齐论》和《鲁论》的传承。

《齐论》只有王吉一个名家，可见影响并不大。而《鲁论》名家众多，最后张侯论行于世，其影响应当比较大。

《汉书·张禹传》云：当时鲁扶卿及夏侯胜、王阳、萧望之、韦贤等学者都讲说《论语》，所讲篇目次第等有所不同。张禹先后向王阳、庸生学习，后来成为汉成帝（当时还是太子）的老师。汉成帝不好经常当面向他请教疑问，于是张禹博采众家之长，撰成《论语章句》以献之。因此，他的书在众名家中最后出而尊贵。当时诸儒之间流传着『欲为《论》，念张文』的谚语。从此学者多从张氏。其他各家逐渐衰微。汉代人非常『势利眼』，谁的官做得大，谁的弟子就多，往往成千上万。张侯官做得大，又是帝王的老师，所以影响非常大。到东汉，盛行的是张侯论。东汉官方刻『熹平石经』，作为经书的定本，采用《鲁论》，宋翔风《师法表》认为即张侯论。20世纪，洛阳太学旧址出土《论语·尧日》残石二，马衡考定为张侯论。

值得注意的是，张侯论虽然融合了齐鲁，但是古人并没有把它看成是齐鲁两家之外的新版本。《汉书·艺文志》著录《论语》版本，只有齐鲁古三家，没有张侯本，张侯论只有『鲁安昌侯说二十一篇』的记载，可见它不但没有独立的版本，即使是其说解，也仍然属于《鲁论》的范畴。郑玄以张侯或包、周之本为底本，而何晏《论语集解》称其『就《鲁论》篇章考之齐古』，也是把张侯论称作《鲁论》。皇侃《论语义疏》云：『《鲁论》有二十篇，即今日所讲者是也……今日所讲，即是鲁论，为张侯所学，何晏所集者。』也是把张侯论称作《鲁论》。又陆德明《经典释文》『郑玄就《鲁论》、张、包、周之篇章，考之齐、古』，也是如此。可见，张侯论虽然糅合了《鲁论》和《齐论》，并不妨碍它仍称为《鲁论》。

2.《古论》

古文《论语》，是汉代的『考古发现』，出于孔子壁中。《汉书·艺文志》：『武帝末〈初〉，鲁共王坏孔子宅，欲以广其宫，而得古文《尚书》及《礼记》《论语》《孝经》，凡数十篇，皆古字也。」据《汉书鲁恭王传》说，坏孔子宅时，曾经听到钟磬琴瑟之声，可能是感到惊奇，于是停止了破坏。

古文《论语》的特殊之处，在于它原来是用一种叫作『古文』的古文字书写的。汉代人认为这种文字的来源很早，把它叫作仓颉古文，认为这种文字就是孔子用来书写经书的文字，因而非常尊崇。经过王国维的考证，结合最近的一些战国文字的考古发现，我们今天已经知道这些文字其实就是战国时代的齐鲁文字，没有什么神秘的。

3. 三家差异

齐、鲁、古三家之间根本的差异，当然是三家各有师说，对经文的解释不一样。从文本上说，其差异大致有三点：

（1）字读不同。例如《学而》篇『未若贫而乐，富而好礼者也』，《古论》『乐』下有『道』字；《乡党》篇『车中内顾』，《古论》作『车中不内顾』。

（2）篇目不同。根据《汉志》和何晏《论语集解》：『《鲁论》二十篇，《齐论》二十二篇；《齐论》较之《鲁论》，多《问王》《知道》二篇。』皇侃《论语义疏》谓『《齐论》题目与《鲁论》大体不殊，而长……篇内亦微有异』。《古论》比之《鲁论》，多了一篇，共二十一篇，把《尧曰》篇的『子张曰』，另分为一篇。『子张问于孔子曰：「何如斯可以从政？」以下为《子张》一篇，这样就有两篇《子张》，并且篇次与齐鲁都不同。具体的篇次差异，皇侃也略有记载：『《古论》篇次以《乡党》为第二篇，《雍也》为第三篇，篇内倒错，不可具说。』

（3）章数不同。《卫灵公》篇『子曰：「父在观其志，父没观其行。」』郑云『古皆无此章』。《尧曰》篇『不知命无以为君子』章，郑云『《鲁论》无此章』，则《齐论》《古论》有此章。《齐论》较之《鲁论》，篇目相同的二十篇中，章句又颇多于《鲁论》。

（三）《古论》的注本

《隋书·经籍志》记载『梁有《古论语义注谱》一卷，徐氏撰』。这本书应当是记载古《论语》的各种注本源流的，可惜不传。今天知道的古《论语》注本，主要是孔安国传、马融注、郑玄注三家。

1. 孔安国传

孔安国是孔子的嫡系子孙。孔壁中书发现后，鲁恭王把书还给了孔家。孔安国对这些古文书籍进行了整理和研究，并为《论语》作注，世称『孔传』。孔传《汉志》未载，最早的记载见于三国时何晏《论语集解》：『古论唯博士孔安国为之训解，而世不传。』因此前人多有疑为后人伪造者。如清代沈涛《论语孔注辨伪》说：『何序既云世不传矣，平叔所集从何得？』其实这里有误解。所谓的『世不传』，是当世不流行的意思，而不是没有流传下来的意思。陆德明《经典释文》说：『古文《孝经》世既不行，今随俗用郑注十八章本。』何晏的『世不传』，也就是陆德明的『世不行』。孔安国的传，虽然世间没有流行，但是并没有失传。何晏所见的孔传，应当是汉魏孔氏家学累世传承的结果，因此《汉志》没有著录。传承过程中，也可能经过了孔氏后人的改动和整理，按照当时的学术惯例，题名孔安国是很正常的。这种情况，跟古文《尚书》、古文《孝经》孔传的流传情况相似。

2. 马融注

《古论》在西汉虽有孔安国为之注，但并未流行，直到东汉顺帝时，南郡太守马融为之作注，才开始有影响。马融，字季长，陕西扶风人。马融是当时的大贵族，学问非常好，但是生活却非常『腐化』。据说他教学的时候，常常有歌舞伎陪同，垂帘设教：『常坐高堂，施绛纱帐，前授生徒，后列女乐，弟子以次相传，鲜有入其室者。』马注原本也已经失传，今天部分保存在《集解》中。

3. 郑玄注

郑玄，字康成，汉末北海高密人，是马融的学生。郑玄很年轻的时候就已经博通经籍，又在京师洛阳游学多年，觉得关东已无足问，于是西入关，找马融学习。马融弟子众多，他只亲自传授几个大弟子，再让这些大弟子传授别的弟子。郑玄到马融门下，三年不得见。后来马融有一个算学问题解决不了，弟子推荐郑生，郑玄才得以当面向马融请教，问完几个疑难问题之后，就回山东老家去了。据说马融当时对弟子们说：『郑生今去，吾道东矣。』郑玄遍注群经，对于儒学的贡献非常大。据说他死前，还梦见孔子来通知他的死期。

何晏《论语集解》云：『汉末，大司农郑玄就《鲁论》篇章考之《齐》《古》，为之注。』皇侃《论语义疏》：『建安中，大司农北海郑玄，字康成，又就《鲁论》篇章，考《齐》验《古》，为之注解。』看来，郑玄注本是综合了鲁、齐、古三家的版本。郑注在宋代以后就亡佚了。20世纪敦煌发现《论语》郑注残卷，存《述而》《泰伯》《子罕》《乡党》四篇。《述而》篇首缺，余篇首则题『泰伯篇第八』『子罕篇第九』『乡党篇第十』，篇下皆题『孔氏本郑氏注』。《乡党》篇后有后题云『论语卷第二』。又日本橘瑞超氏于吐鲁番吐峪沟得《论语》断片，存《子路》篇末及《宪问》篇首十行。《宪问》篇题下亦有『孔氏本』三字，其注亦郑注。另外，吐鲁番阿斯塔那一八四、三六三号墓出土的《论语》残卷，篇题下也题『孔氏本，郑氏注』。王国维根据资料（王氏所见吐鲁番本唯日本藏）以及《经典释文》反映的情况，考证郑注本《论语》篇章从《鲁论》，而字句全从古文本。

概括起来说，郑玄的注释，融合了《齐论》、《鲁论》（包括张侯论）、《古论》各家之所长。其特点是：以古文《论语》为底本，文字上的差异以《古论》为准，其篇章次第依据《鲁论》，兼采三家说解。

郑注融合今古，对后世影响很大。但其后何晏《论语集解》出，对郑学的冲击也很大。据《隋志》，梁陈之时，唯郑玄、何晏立于国学，而郑氏甚微；周、齐、郑学独立；至隋，何郑并行，郑氏盛于民间。其大势为北朝尚郑学，南朝尚何学。《新唐书·艺文志》尚著录『《论语》郑玄注十卷』，宋代《十三经注疏》以何氏《论语集解》为疏解对象，郑注遂亡。20世纪敦煌、吐鲁番等地陆续发现有郑注。国内外学者多有汇集，迄今最完整的材料见于王素《唐写本论语郑氏注及其研究》（北京：文物出版社，1991年第1版）。

（四）《论语集解》系统《鲁论》的注本

何晏，字平叔，是曹魏的女婿，曾任吏部尚书，后为司马昭所杀。《三国演义》中提到的汉末大将军何进，就是他的祖父。

魏正始年间（240—248年），何晏搜集了前代孔安国、包咸、周氏、马融、郑玄、陈群、王肃、周生烈诸家之说，也加入了自己的看法，撰成《论语集解》一书。此后盛行于世，影响很大。到了梁代，皇侃为之作疏，名曰《论语义疏》。二者所用的底本都是《鲁论》之张侯论的版本。皇侃《论语义疏》云：『魏末吏部尚书南阳何晏，字平叔，因《鲁论》集季长等七家，又采《古论》孔注，又自下己意，即世所重者，今日所讲即是《鲁论》，为张侯所学、何晏所集者也。』在河北定县竹简本发现之前，皇侃的《论语义疏》本是现存最早的《论语》版本。邢昺疏出之后，此书渐亡佚，而犹存于日本，清代又传回中国，收入《四库全书》。2005年，作为『儒藏』工程的一部分，由北京大学出版社出版。

宋真宗咸平年间（998—1003年），邢昺在皇氏《论语义疏》的基础上作《论语注疏》，此即《十三经注疏》本。《宋史·儒林传》：咸平二年，始置翰林侍讲学士，以昺为之，受诏与杜镐、舒雅、孙奭、李慕清、崔偓佺等校定《周礼》《仪礼》《公羊》《谷梁春秋传》《孝经》《论语》《尔雅义疏》。及成，并加阶勋，俄为淮南两浙巡抚使。邢昺之疏，当成于此时。此疏当作于其为翰林侍讲学士之后，为淮南两浙巡抚使之前。考《宋史·真宗本纪》：咸平三年，秋七月己亥，以翰林侍读学士夏侯峤、侍讲邢昺为江、浙巡抚使。则邢疏之作，在咸平二年（999年）与三年（1000年）之间。《四库总目提要》云：『今观其书，大抵翦皇氏之枝蔓，而稍傅以义理。』比较皇疏与邢疏，不难发现邢疏只是在皇疏的基础上做了一些删改，故费时不多，一两年内即告成功。

邢昺之疏虽然已经『稍傅以义理』，但是仍然继承了皇疏详于训诂名物的特点。在宋代理学的大氛围下，这部注疏虽然被列为《十三经注疏》之一，却并不能成为宋代学术的主流。四库馆臣云：『追伊洛之说出而是疏又微。故《中兴书目》曰：「其书于章句训诂名物之际详矣」，盖微言其未造精微也。』宋以后，理学占了主导地位，因此，朱子《四书集注》出后，很快就流行开来，成为宋学经典之作，且成为科举考试之标准。此汉宋之分野。宋以下皆宗朱子之说。

宋元时代还有不少学者有研究。到了明代永乐年间，钦命胡广、杨荣等编集前代学者郑玄以下106人的成果，汇成《四书集注大全》，作为科举的标准。从今天的经验来看，什么东西经过教育部的『钦定』，其影响就会很大，

《四书集注大全》的影响也可想而知。

明人空谈义理，不务实际，『束书不观，游谈无根』，以至于亡国。『平日静坐谈心性，临危一死报君王。』

清代学者痛定思痛，开始转向务实质朴的考据学，也称『朴学』。朴学重名物典章制度之考证，实事求是，无征不信。对于《论语》的研究也逐渐从理学转向朴学，如刘台拱《论语骈枝》、焦循《论语通释》等，其中以刘宝楠《论语正义》最为精审。此书实为刘宝楠与其子刘恭冕合力撰成，书未成而宝楠卒。它沿袭清代考据学的朴实学风，无征不信，言必有据，考证精审，是目前为止最好的注疏本。近人程树德又有《论语集释》，搜集材料极其丰富，虽不以创获见长，然而兼采汉宋，力求不受门户之囿，于学者亦颇有裨益。

（五）关于定州竹简本

1973年，河北定州八角廊西汉中山怀王刘修墓出土一批竹简，其中有《论语》。刘修死于汉宣帝五凤三年，公元前55年。这是今天能见到的年代最早的本子。可惜残缺很厉害，约相当于今本的二分之一。当时齐、鲁、古三家之本皆存，这本《论语》的性质，学者有《鲁论》和《齐论》之争，也有学者认为『此本当保留了古文《论语》的一些面貌』。李学勤《八角廊汉简儒书小议》首先排除了张侯论的可能性，因为当时张侯论尚未形成；又根据它与传本分章的差别较大，推测为《齐论》的可能性大些。但是传本本身早已是融合了《齐论》《鲁论》甚至《古论》

差异的本子，把简本与传本比较似乎不足以定其原始面貌。另外，当时流行的各种抄本是否都严格地按照各家的本子抄写，也是一个问题。此本存七千五百七十六字，与今本的文字差异有七百多处，占了十分之一。按照这个比例推算，全本差异当有一千四百多处。邢昺疏引桓谭的《新论》说，古文《论语》与《齐论》《鲁论》之间『文异者四百余字』，齐、鲁同属今文，相信其间的差异当小于是。因此，竹简本恐怕不一定是属于当时某一家的传本。也许我们不必追究它属于哪一家，仅仅把它看成是一个个别的抄本就可以了。近些年来的出土传本发现告诉我们，汉代流传的各种古书的传本是多样的，往往不与史籍记载的任何一家相同。例如马王堆帛书《周易》，其各卦的排列次序有条不紊，与传本完全不同，是另外一种《周易》；阜阳汉简的《诗经》，也是另外一种写本。因此，对于新的发现，不见得都要归入某一家，尤其不能用排除法，认为不是齐，也不是鲁，就一定是古。

五、《论语》传世文本的错误

古代典籍在传抄和翻刻的过程中，不可避免地会产生一些错误。《论语》也不例外，今本《论语》中有不少地方其实是有问题的。有些错误我们可以通过语言或文献的考证来发现，进而做出校正。但是很多错误，如果没有更早或更好的版本，我们是很难甚至是不可能发现的。

1973年，河北定州八角廊汉墓出土了竹简本《论语》，为我们理解传世本《论语》提供了可靠的材料。这是迄今为止最早的《论语》版本，从中可以直接看出汉代《论语》的流传状况，显得弥足珍贵。另外，其他的晚近发现的文献，如敦煌遗书、郭店楚简等，也同样可以为我们正确地理解《论语》提供一些新的线索。通过这些出土文献，一方面，我们可以发现今本《论语》的一些错误或可疑之处；另一方面，也可以为前代学者的校勘提供新的佐证。

在阅读文本的过程中，常常会出现这样一种情况，就是我们并不一定对一句话中的所有成分都理解得很准确，但是整个句子的意思却是明白的。过去在《论语》的释读上也有这种情况，虽然对于整个句子意思的解释是正确的，但是却误解了句子中的某些成分或结构，经不住推敲。例如《为政》篇云：

子贡问君子。子曰：『先行其言而后从之。』

大家都知道孔子表达的意思无非是言行要一致，说到做到，这一点没有什么问题。例如《论语集解》引孔安国注：『疾小人多言而行之不周。』这种意思在古书中也很常见，《论语·里仁》：『子曰：「君子欲讷于言而敏于行。」』《大戴礼记·曾子制言》：『君子先行后言。』

但是这句话应该怎么句读，却有很多问题。皇侃疏：『君子先有其言，而后必行，行以副所言，是行从言也。』则皇侃的句读是：『先行其言，而后从之。』过去的句读一直如此，例如朱子《论语集注》：『先行其言者，行之于未言之前。而后从之者，言之于既行之后。』现代的注译本也多这样理解，例如杨伯峻《论语译注》：『对于你要说的话，先实行了，再说出来。』但是仔细推敲一下，就不难发现问题。按照皇侃的理解，是先说后做，『先行其言』就等于『先言』，『行』字在前半句中等于没有，却成了后半句的主语。这样的句法是不成立的。按照朱子的理解，是先做后说，『先行其言』等于『先行』，『其言』在前半句中等于没有，却是后半句的主语，而且把『其言』说成未言之前，把『之』说成既行之后，无论在语义还是语感上，多少让人觉得别扭。现代的学者可能也都隐约地意识到了这一点，因此一般的注本对这句话干脆不加标点，模糊过去了。

好在我们现在看到定州八角廊竹简本，这个问题就非常清楚了，竹简本作：

先行其言从之。

毋庸置疑，应当读作『先行，其言从之。』文从字顺，没有任何问题。所以竹简本才可以代表《论语》的原始面貌，传世本『而后』二字应是误衍，如果一定要标点的话，也应该是『先行，其言而后从之』。

如果没有竹简本，也许我们还会觉得朱子的解释勉强可以接受；但有竹简本的证据，我们就可以肯定传统的理解在语句结构上并未得其意。

《述而》篇还有一个例子，很有代表性：

子曰：『述而不作，信而好古，窃比于我老彭。』

这一章中的『老彭』，过去有不同的说法。东汉的包咸说，就是商代的贤大夫彭祖（见《论语集解》），而郑玄则认为是老子和彭祖两个人。不管怎么理解『老彭』，对于『窃比于我老彭』这句话却没有异说，都认为是将『我』和『老彭』相比。例如包咸就说：『老彭，殷贤大夫，好述古事。我若老彭，但述之耳。』郑玄说：『比于此二人者，谦。』按照这两种理解，『窃比于我老彭』这句话其实是不合语法的，正确的应该是『窃比我于老彭』。但是中国传世的《论语》版本都作『窃比于我老彭』。18世纪，日本学者篁敦吉《论语集解考异》引日本卷子本、大永本就作『窃比我于老彭』，并云：『二本字法与包咸注合，为正。』又云皇侃疏本有着『窃比于我于老彭』，恐怕多一『于』字，此说法应该是正确的。但是敦煌唐写本郑氏注《论语》就已经与今本相同了，可见其误已久。幸赖定州竹简本正作『窃比我于老彭』，可证今本确实是错误的。

《为政》篇的一句名言，也很值得商榷：

子曰『由！诲汝知之乎！知之为知之，不知为不知，是知也。』

孔子在教子路什么是真正的『知』，这一点，自然没有疑义。但仔细推敲，就会发现『诲汝知之乎』一句中的『之』字似乎多余，意思不好落实。所以有人认为应该这样读：

子曰：『由！诲汝！知之乎？知之为知之，不知为不知，是知也。』

如果拿现代汉语来说，就是：子路啊，我来教你吧！你知道吗？知之为知之，不知为不知，才是真正的知啊。翻译以后，听起来好像挺通顺的，但是『由，诲汝！』这样的话，未免太生硬了，而且多余。要表达同样的意思，没有这两个字，说成『由，知之乎』才是合理的。所以，这种读法其实是很勉强的。好在定州竹简本又帮了我们的忙。简文此句作『诲汝智乎』，没有『之』字（简文『智』和『知』的写法没有区别），文从字顺，应该是原始面貌，『之』字是后人传抄误加。根据简文，这句话的意思可以表述为：『子路啊，告诉你什么是真正的「知」吧，知之为知之，不知为不知，就是「知」啊。』

《论语》的文本，常常是隐去了说话的背景，语言本身也很简洁，所以会给理解造成困难。但是，在别的文献中，很可能会出现类似的话，而且较为详细。仔细参读，往往能够发现《论语》的真正意思。例如《子路》篇：

子曰：『南人有言曰：「人而无恒，不可以作巫医。」善夫！』『不恒其德，或承之羞。』子曰：『不占而已矣。』

这一章过去有两种理解。一种是说，无恒之人，巫医都没法给他治病，也不能让人为他占卜。《论语集解》引郑玄注：『言巫医不能治无恒之人……《易》所以占吉凶，无恒之人，《易》所不占。』另一种意见是，无恒之人，不能当巫医给人治病，不能为别人占卜。皇侃的《论语义疏》引卫瓘言：『言无恒之人，不可以为巫医，巫医疑误也，而况其余乎。』

郑玄的解释不太容易理解，为什么无恒之人，巫医都不能治？在古代，对于充当巫的人，要求有非常高的品德，例如《国语·楚语下》：『古者民神不杂。民之精爽不携贰者，而又能齐肃衷正，其智能上下比义，其圣能光远宣朗，其明能光照之，其聪能月彻之，如是则神明降之，在男曰觋，在女曰巫。』但是对于病人却并没有什么限制。这一点，正好符合第二种意见。因此很多学者都不相信郑注，而采用第二种意见。例如朱子就说：『巫，所以交鬼神，医，所以寄死生。故虽贱役，而犹不可以无常。』刘宝楠《论语正义》也不取郑说，云：『龟曰卜，蓍曰筮，二者皆有守职，宜以有恒之人为之。』

既然如此，为什么郑玄要提出一种难以理解的解释呢？这首先是因为，今本《论语》的文本就有问题。此章的上半章『人而无恒，不可以作巫医』，讲的是治病的事情，下半章『不占而已矣』讲的是占卜的事情，上下不相应。相似的话，也见于《礼记·缁衣》：

子曰：『南人有言曰：「人而无恒，不可以为卜筮。」古之遗言与？龟筮犹不能知也，而况于人乎？』

《论语》和《缁衣》的『南人』所言，显然是同一句话，在传抄过程中产生了差异。相应于『巫医』的字作『卜筮』。『卜筮』与下文讲占卜是一致的，《缁衣》的文本比较合理，所以《论语》的『巫医』应该是『卜筮』之误。

前人因为古代巫医跟卜筮同源，认为巫医就是巫，不包含治病的意思，所以并不怀疑。但是古代医可以称巫，而占卜的巫却不能称医，在《周礼》中，巫和医的差别已经非常明显。以前只有清代毛奇龄的《论语稽求篇》有所怀疑：「先仲氏曰：「《缁衣》前后所引，皆卜筮之事，故曰不占而已。不占者，正言不可为卜筮也。」则似「巫医」为「卜筮」之误。易「卜筮」二字，则「不占」句较明白。」

不过，根据《礼记》校改《论语》，可能缺乏说服力，因为很多人认为，《礼记》的时代多半晚于《论语》，而且多经汉人的改编。所以毛奇龄也只是疑而不断。不过，幸运的是，此文也见于郭店楚简《缁衣》简：

子曰：『宋人有言曰：「人而无恒，不可以为卜筮也。」其古之遗言与？龟筮犹弗知，而况于人乎？《诗》云：「我龟既厌，不我告猷。」』

与今本《缁衣》大致相同，可见《缁衣》作『卜筮』是非常可靠的。校正后的《论语》就成为：

子曰：『南人有言曰：「人而无恒，不可以作（为）卜筮。」善夫！』『不恒其德，或承之羞。』子曰：『不占而已矣。』

所以，这一章跟治病没有关系。

郑玄认为，《论语》说的是，无恒之人，不能为自己占卜；而朱子则认为无恒之人不能为别人占卜。从《论语》本身的上下文来看，两种理解似乎都有道理，但是如果联系《缁衣》来看，就只能采取郑玄的理解了。『龟筮犹弗知，而况于人乎？』这句话透露了『人而无恒，不可以为卜筮』的真正含义。『龟筮犹弗知』，只能理解为龟筮都不能知道无恒之人，而不可能理解为人连龟筮都不能知道。所以郑玄注云：『恒，常也。不可为卜筮，言卦兆不能见其情，定其吉凶也。』一个没有恒心的人，不可以去让人为他占卜，因为占卜是对未来的预测，无恒之人善变，连乌龟和蓍草这些有神灵的东西都无法预测，现实中的一般人就更无法相信他了。《论语》下文『不恒其德，或承之羞』，出自《周易·恒卦》，言人无常，则羞辱承之，正与郑注相合。又《周易·蒙卦》：『匪我求童蒙，童蒙求我。初筮告，再三渎，渎则不告。』无恒之人多变，每次卜筮的结果都不会相同，自己也不相信，再三让人占卜，反而亵渎了神明。这讲的也是类似的意思。相反，朱子的解释只能适用于《论语》，却解释不了《缁衣》『龟筮犹弗知，而况于人乎』这句话。所以，第二种解释不如第一种合理。

为什么《论语》的『卜筮』会讹成『巫医』？就是因为在《论语》的语境中，可以有两种解释，把『为卜筮』理解成替别人占卜也可以讲通。而为别人占卜的，通常都是巫医一类人，尤其是结合《国语·楚语》描述的对于巫的品德的要求，很容易使人把『作卜筮』理解为『作巫医』替别人占卜，这样，『卜筮』传讹成『巫医』也就很容易理解了。但这终究不是宋人之言的本意。

出土文献对于《论语》的某些章句的分合也有启发。例如《公冶长》篇第十章和第十一章：

宰予昼寝。子曰：『朽木不可雕也，粪土之墙不可杇也，于予与何诛？』

子曰：『始吾于人也，听其言而信其行。今吾于人也，听其言而观其行。于予与改是。』

这两章皇侃疏本、邢疏本都合成一章。但是根据何晏《论语集解》所记的章数29，原本应该是分开的，皇疏用的是何晏的本子，应该也是分开的才对。定州竹简本第十章『与何诛』三字之下，整简都是空白，可以证明竹简本也是分为两章的。不过，汉代《论语》就有齐、鲁、古三家，内部篇目、章数都有差异，也可能汉代本来就有不同的分合情况。

出土文献可以帮助我们判定某些不太合理的分章。例如《泰伯》篇：

子曰：『恭而无礼则劳，慎而无礼则葸，勇而无礼则乱，直而无礼则绞。君子笃于亲，则民兴于仁；故旧不遗，则民不偷。』

此章『君子笃于亲』以下，讲的是君子当以身作则，为民表率，上行下效，风化下民。这一意思与上半章的意思不相连贯，好像说的是两件事情。因此，宋代吴棫《论语续解》认为，『君子』以下应当别为一章，是曾子所言。朱子《论语集注》也云：『愚按，此一节与上文不相蒙，而与首篇「慎终追远」之意相类，吴说近是。』敦煌唐写郑注本，在『君子』之上又有『子曰』二字，而且与『直而无礼则绞』之间有章与章之间的空白，证明这个唐抄本确实分为两章。可见宋人分为两章之说确无可疑，只是判为曾子之言，则远矣。

对于学者来说，最有意义的，莫过于出土文献能够直接检验他们的学说是否正确。清代学者对于《论语》的校读，往往有一些精微的见解，能够被今天的出土文献所证明。最精彩的莫过于俞樾对「乐则《韶》《舞》」的校读。《卫灵公》篇：

颜渊问为邦。子曰：「行夏之时，乘殷之辂，服周之冕，乐则《韶》《舞》。放郑声，远佞人，郑声淫，佞人殆。」

「乐则《韶》《舞》」，《集解》云：「韶，舜乐也，尽善尽美，故取之。」未释「舞」字。俞樾的《群经平议》认为，「舞」当为「武」，「武」是周代文武之乐，「韶」与「武」常并称。「舞」跟「武」在先秦古书中有通假的用例，例如《周官·乡大夫》「五日兴舞」，《论语·八佾》马融注引作「兴武」。《左传》庄公十年经文「以蔡侯献舞归」，《谷梁传》作「献武」。他说：「『乐则韶武』者，则之言法也，言乐当取法韶武也。子于四代之乐，独于韶武有尽美之论……夏时、殷辂、周冕，皆以时代先后为次，若韶舞专指舜乐，则当首及之。惟韶武非一代之乐，故列于后。且时言夏，辂言殷，冕言周，而韶舞不言虞，则非止舜乐明矣。」俞说虽然有一定道理，但毕竟只是推理，没有版本依据，不见得能让人信服。但是定州竹简本出土后，我们可以看到，对应于今本的「舞」字正作「武」，可证俞说的确有道理。

有些很细微的差别，如果没有出土文献提供的证据，可能很难让人认识到有这种差别。例如《阳货》篇：

宰我问：『三年之丧，期已久矣。君子三年不为礼，礼必坏；三年不为乐，乐必崩。旧谷既没，新谷既升，钻燧改火，期可已矣。』

其中『期已久矣』的『期』，一般认为是『一周年』的意思。但《经典释文》云一本作『其』，刘宝楠《论语正义》认为当作『其』，『其已久矣，谓三年太久。《史记·弟子列传》作「不已久乎」，可证也。下文「期可已矣」，方读作基』。作『期』与『其』的差别非常细微，我们一般不大会去辨析。仔细推敲起来，确实不一样：如果作『期』，表示一年都太久了，下文又说『期可已矣』，表示一年就可以了，程度上多少有点不一致；如果作『其』，表示三年太久了，所以下文说一年就可以了。比较起来，『其已久矣』确实比『期已久矣』更合理。虽然这样，『期已久矣』也不能说一定不对，如果没有可靠的版本，改『期』为『其』，也很难让人信服。好在定州竹简本正作『其』，这对于《论语正义》的判断是一个非常有力的证明。

清代学者辨析之细致、立说之精审，于此也可见一斑，令人钦佩。阮元的《十三经注疏校勘记》，也常有很精到的校勘成果。《微子》篇第六章：

长沮、桀溺耦而耕。孔子过之，使子路问津焉。长沮曰：『夫执舆者为谁？』子路曰：『为孔丘。』曰：『是鲁孔丘与？』曰：『是也。』曰：『是知津矣。』问于桀溺。桀溺曰：『子为谁？』曰：『为仲由。』曰：『是鲁孔丘之徒与？』对曰：『然。』曰：『滔滔者，天下皆是也，而谁以易之？且而与其从辟人之士也，岂若从辟世之士哉？』耰而不辍。

子路行以告，夫子怃然曰：『鸟兽不可与同群，吾非斯人之徒与而谁与？天下有道，丘不与易也。』

第七章云：

子路从而后，遇丈人，以杖荷蓧。子路问曰：『子见夫子乎？』丈人曰：『四体不勤，五谷不分，孰为夫子？』植其杖而芸。子路拱而立。止子路宿，杀鸡为黍而食之，见其二子焉。

明日，子路行以告，子曰：『隐者也。』使子路反见之，至则行矣。子路曰：『不仕无义。长幼之节，不可废也；君臣之义，如之何其废之？欲洁其身，而乱大伦。君子之仕也，行其义也。道之不行，已知之矣。』

这两章中都有『子路行以告』一语。但是第六章的『子路行以告』，汉石经无『行』字。阮元《十三经注疏校勘记》据此认为今本涉下章而误衍。仔细分析上下文，就会领悟阮说应该是正确的，因为孔子就在子路附近，不必用『行』字。定州竹简本也没有『行』字，又为阮说提供了一个确凿的证据。

又如《尧曰》篇：

宽则得众，信则民任焉，敏则有功，公则说。

这一章与《阳货》篇的『子张问仁』一章有相重合的部分：

子张问仁于孔子，孔子曰：『能行五者于天下，为仁矣。』『请问之。』曰：『恭、宽、信、敏、惠。恭则不侮，宽则得众，信则人任焉，敏则有功，惠则足以使人。』

《尧曰》篇的『信则民任焉』，汉石经、皇侃本、足利本、高丽本都无。它在《阳货》篇中肯定是有的，因为这一章讲的就是『恭、宽、信、敏、惠』，不可能少了『信』。陈鳣《论语古训》、阮元《十三经注疏校勘记》都推测《尧曰》篇是涉《阳货》『子张问仁』章而衍。古人对于《论语》非常熟悉，抄写到《尧曰》时，自然而然想起《阳货》篇的话来，不觉书之笔端。定州竹简本也没有这一句，可证陈氏与阮氏的校读非常正确。

有时候，出土文献也不一定能证明某些问题的正确与否，但是却能提出一些新问题，例如《子张》篇：

子游曰：『子夏之门人小子，当洒扫应对进退，则可矣，抑末也，本之则无，如之何？』

其中『门人』与『小子』并用，显得有点重复，所以清代潘维城《论语古注集笺》认为当读作『子夏之门人，小子当洒扫、应对、进退，则可矣』，小子即门人。《周礼·隶仆》注、《大戴礼·卫将军文子》篇注引并无「小子」字。潘氏的看法有一定道理，但是他自己提供的读法却更不通顺。不过，定州竹简本作『门小子』，这就提醒我们，

『门人』与『小子』好像确实不应当并出。诸如此类，就有待于更进一步研究或更多新材料的佐证了。

六、《论语》中隐含的礼制

《论语》是礼乐制度下的产物，礼乐又是孔子本人特别强调的内容，所以《论语》中大量涉及了当时的礼制。有些言论很明显，指明了就是在谈礼制，这种情况相对比较容易处理，我们只要直接去查找相关的礼制材料，就不难理解文本的意义。例如《八佾》篇：

> 子贡欲去告朔之饩羊。子曰：『赐也，尔爱其羊，我爱其礼。』

在文献中不难找到有关告朔之礼的记载。每年季秋，周天子把第二年的历书颁给诸侯，诸侯把历书藏在祖庙，每月初一，杀一只羊以祭祖庙，就叫『告朔』，然后回朝听政，叫作『听朔』或『视朔』。孔子非常看重告朔之礼，因为授时在古代是非常重大的事情，从天子的角度讲，它象征着王权；从诸侯的角度讲，奉正朔表示他们仍然臣属于周天子。周衰落以后，天子实际上无法班朔，诸侯也根本不再重视此礼。春秋时期，鲁国国君经常不亲自告朔。例如《春秋》载文公十六年，公四不视朔，大概此后就更加荒废了。子贡觉得此礼已名存实亡，因此想把告朔杀羊的仪式也免了。孔子认为有羊还可以说明有告朔之礼存在，如果连羊也免去了，那就真的是把整个礼仪都废弃了。

但是，《论语》中还有很多内容，表面上好像没有谈到礼，可是其中隐含着礼制。如果不结合这种礼制的背景去读《论语》，可能就会觉得孔子的很多行为难以理解，甚至不知所云。这种情况相对比较难，因为开始的时候我们常常意识不到其中隐含的礼制，往往会产生理解的偏差。下面我们就对《论语》中这种隐含性的礼制作一些探讨。

孔子见阳货的故事，就很有代表性，也非常有意思，《阳货》篇：

阳货欲见孔子，孔子不见。归孔子豚，孔子时其亡也而往拜之。遇诸涂。谓孔子曰：「来！予与尔言。」

曰：「怀其宝而迷其邦，可谓仁乎？」

曰：「不可。」

「好从事而亟失时，可谓知乎？」

曰：「不可。」

「日月逝矣，岁不我与。」

孔子曰：「诺，吾将仕矣。」

阳货即阳虎，货与虎古音相近，可以通假。刘宝楠《论语正义》怀疑货是名，虎是字。阳虎是季氏家臣，曾经操纵季氏，把持了鲁国朝政。阳虎有心除掉三桓而自代，后来失败，逃往齐国，又逃到晋国。他拉拢孔子，可能是因为知道孔子也反对三桓，但是孔子虽然也反对「政在大夫」，却更反对「陪臣执国命」，所以不可能跟阳虎合作。

阳虎有一句『名言』，说：『为富，不仁矣；为仁，不富矣。』（《孟子·滕文公上》）《左传·定公九年》也说他『亲富不亲仁』，可见他跟孔子真是属于『道不同，不相为谋』的一类。

这样说来，孔子不愿意见阳虎，是很容易理解的。但是，既然不愿意见，为什么还要回拜他呢？回拜他，偏偏还要等他不在的时候去，结果又在路上遇到了。也许很多人会觉得孔子是不是太矫情了？好在《孟子》帮我们回答了这个问题，《滕文公下》云：

『古者不为臣不见。段干木逾垣而走，泄柳闭门而不纳，是皆已甚。迫，斯可以见矣。阳货欲见孔子而恶无礼。大夫有赐予士，不得受于其家，则往拜其门。阳货瞰孔子之亡也，而馈孔子蒸豚，孔子亦瞰其亡也，而往拜之。当是时，阳货先，岂得不见？』

段干木不见魏文侯，泄柳不见鲁缪公，这都是做得比较过分的。如果在上位者一定要求见他们，也是可以见的。阳货想见孔子，又怕人们说他强迫孔子，背上『无礼』的骂名，所以趁孔子不在家的时候馈孔子豚。按照当时的礼制，大夫有赐予士，如果没有在家亲自接受，就要去上门回拜，所以这是阳虎很高明的一招。孔子并不愿意见阳货，但也不愿意违背礼制，所以也故意趁他不在的时候去答拜，没想到正好在路上撞见了。故事就这样发生了。

《孟子》讲得很具体，其实我们还可以从更大的方面来理解，《礼记·曲礼上》说得很明白：『礼尚往来。往而不来非礼也，来而不往亦非礼也。』阳货有来，孔子就应有往。

这一章的句读，前人有一些不同意见。明代的郝敬、清代的毛奇龄、阎若璩、王引之、俞樾等学者都认为，文中的两个『曰：「不可」』，并不是孔子的回答。而是阳虎自问自答。因此，从『来！予与尔言』一直到『日月逝矣，岁不我与』，都是阳虎在说话，孔子只是最后敷衍了一下，说『诺，吾将仕矣』。今天也有很多学者赞成这么读。

如果我们认真地比较一下，不难承认传统的读法其实文从字顺，并没有什么问题。而这种新的读法并不比传统读法通顺，阳虎一个人在那里自问自答，反而显得很别扭。之所以会有这种新的读法，推测起来，可能是因为大家觉得阳虎说话很没有礼貌，孔子每问必答，显得太老实恭顺了。但是阳虎与孔子之间的对答，是符合古代传统礼貌原则的。阳虎是孔子的长辈。《史记·孔子世家》说，孔子母亲去世不久，有一次季氏宴飨士，孔子也去了，正碰到阳虎，阳虎斥责他说：『季氏飨士，非敢飨子也。』阳虎阻拦孔子，有人认为是因为孔子的母亲刚去世，孔子『要绖』，腰上的麻带还没有去掉，不应出现在这种场合；也有人说是因为孔子那时太年轻。不管怎样，阳虎在年纪和官位上都比孔子高，因此，他跟孔子说话，一开口就说『来！予与尔言』，有明显的居高临下的口气，这是可以理解的；孔子处在晚辈和下级的地位，对他有问必答，双方都不违礼。

论证这种新读法的那些证据，其实也大有问题。最重要的例证是《史记·留侯世家》张良劝阻刘邦立六国之后，毛奇龄、俞樾等学者认为其句读应为：

> 张良对曰：『臣请藉前箸为大王筹之。』曰：『昔者汤伐桀而封其后于杞者，度能制桀之死命也。今陛下能制项籍之死命乎？』曰：『未能也。其不可一也。』『武王伐纣，封其后于宋者，度能得纣之头也。今陛下能得项籍之头乎？』曰：『未能也。其不可二也。武王入殷，表商容之闾，释箕子之拘，封比干之墓。今陛下能封圣人之墓，表贤者之闾，式智者之门乎？』曰：『未能也。其不可三也。发巨桥之粟，散鹿台之钱，以赐贫穷。今陛下能散府库以赐贫穷乎？』……汉王辍食吐哺，骂曰：『竖儒几败而公事！』

张良一共说了八个『不可』，毛氏等认为都是张良一个人在那里自问自答。但这并不见得合理，正确的句读应如下：

> 张良对曰：『臣请藉前箸为大王筹之。』曰：『昔者汤伐桀而封其后于杞者，度能制桀之死命也。今陛下能制项籍之死命乎？』曰：『未能也。』『其不可一也。武王伐纣，封其后于宋者，度能得纣之头也。今陛下能得项籍之头乎？』曰：『未能也。』『其不可二也。武王入殷，表商容之闾，释箕子之拘，封比干之墓。今陛下能封圣人之墓，表贤者之闾，式智者之门乎？』曰：『未能也。』『其不可三也。发巨桥之粟，散鹿台之钱，以赐贫穷。今陛下能散府库以赐贫穷乎？』……汉王辍食吐哺，骂曰：『竖儒几败而公事！』

毛氏等可能拘泥于刘邦最后『辍食吐哺』四字，认为之前他不可能说话，这与一般的吃饭经验也是不符合的。我们经常一边吃饭一边说话，何况刘邦说的话就几个字而已。上文讲张良从外来，『汉王方食，曰：「子房前！客有为我计桡楚权者。」具以郦生语告，曰：「于子房何如？」』则汉王本来就是一边在吃饭，一边在说话。所以，我认为新说并不可取。

孔子不见孺悲的故事，也跟当时的礼制有关。《阳货》篇说：

孺悲欲见孔子，孔子辞以疾。将命者出户，取瑟而歌，使之闻之。

乍读此章，人们很可能会想，孺悲可能是跟阳虎类似的人物，所以孔子不愿意见他。其实孺悲不但不是什么坏人，他还是一个对儒家很有贡献的人。《礼记·杂记下》：『恤由之丧，哀公使孺悲之孔子学士丧礼，士丧礼于是乎书。』可见士丧礼能够流传下来，孺悲功不可没。

孺悲欲见孔子，孔子为什么不想见？不想见也就算了，为什么还要弹琴唱歌，故意让对方知道自己不想见他？这里面一定有原因。

原来孺悲当时也属于『士』，古代士相见之礼，必须由中介介绍。《仪礼·士相见礼》：『相见之礼，挚，冬用雉，夏用腒，左头奉之，曰：「某也愿见，无由达，某子以命命某见。」』郑注：『无由达，言久无因缘以自达也。某子，今所因缘之姓名也。以命者，称述主人之意。」「某子以命命某见」的「某子」，就是某个中间介绍人。贾公彦《仪礼》疏云：「孺悲欲见孔子，不由绍介，故孔子辞以疾。」

《韩诗外传》卷二有这方面的一个具体例子：

> 传曰：孔子遭齐程本子于郯之郊，倾盖而语终日。有间，顾子路曰：「由！取束帛十匹以赠先生。」子路不对。有间，又顾谓曰：「取束帛十匹以赠先生！」子路率尔而对曰：「昔者由也闻之于夫子：士不中道相见，女无媒而嫁者，君子不行也。」孔子曰：「夫《诗》不云乎：『野有蔓草，零露漙兮，有美一人，清扬婉兮，邂逅相遇，适我愿兮。』且夫齐程本子，天下之贤士也，吾于是而不赠，终身不之见也。大德不逾闲，小德出入可也。」

孔子故意弹琴唱歌，让孺悲知道不是真的有病，而是不想见他，《集解》说孔子这么做，是为了让孺悲自己去思考自己的过失。《孟子·告子下》：「教亦多术矣，予不屑之教诲也者，是亦教诲之而已矣。」程颐认为孔子的做法正是孟子所谓：「不屑之教诲，所以深教之也。」这倒是很符合孔子「不愤不启，不悱不发」的教学方法。

所谓「将命」，是指在宾主之间传递话语的行为，其实也是一种礼仪。《宪问》篇：

> 阙党童子将命。或问之曰：「益者与？」子曰：「吾见其居于位也，见其与先生并行也。非求益者也，欲速成者也。」

孔子对于阙党童子的评价，就是基于有关童子的礼仪要求。当时的童子是不能以独立的身份参与礼仪活动的，只能依附于成人。例如《仪礼·既夕礼》：『朔月，童子执帚，却之，左手奉之，从彻者而入。』郑玄注：『童子不专礼事。』只有在行『冠礼』之后，才有成人行礼的资格。这就是古代冠礼的意义。

因为『童子不专礼事』，所以童子没有专位，侍于长者，或坐在一旁角落里，或立而不坐。孔注所谓『童子隅坐无位』。古人席地而坐，所谓隅坐，当是指坐在成人所坐的席子的一角，没有专门的席位。《礼记·檀弓上》：『童子隅坐而执烛。』郑玄注：『隅坐，不与成人并。』《礼记·玉藻》：『无事则立主人之北，南面。』平时走路都不能与成人并行。《礼记·曲礼上》：『五年以长，则肩随之。』郑注：『肩随者，与之并行差退。』《礼记·王制》：『父之齿随行，兄之齿雁行，朋友不逾。』随行即跟在后面，雁行即并行而稍靠后。

阙党童子『居于位』，并且『与先生并行』，这是把自己看作成人，以成人之礼与成人交往，所以孔子说他是欲速成者。

《论语》的《乡党》一篇，所记多为孔子的日常生活，涉及的礼仪方面的问题就更多了。其中所记孔子的一些行为方式，其实并不是孔子故意要与众不同，而是他严格遵循流传下来的礼书行事。例如『君命召，不俟驾行矣』。根据《孟子·公孙丑下》有个叫景子的人说：『《礼》曰：「父召无诺，君命召，不俟驾。」』可见这是有礼的根据的。如果不明白这是礼制的要求，可能会觉得孔子很谄媚。孔子说过：『事君尽礼，人以为谄也。』（《八佾》）

当时礼制正在崩坏，严格按照礼制来办事的孔子，有时反而让人觉得奇怪。《乡党》一篇，是记孔子之言行合乎礼，而不是孔子在制礼作乐。

又如《乡党》篇讲到孔子的饮食，有很多讲究，其中有一条叫作『割不正，不食』。一般人可能会觉得孔子是不是太挑剔了。以前的学者把这解释为祭祀时对于切割牲体的要求，可是上下文说：『失饪，不食。不时，不食。割不正，不食。不得其酱，不食。肉虽多，不使胜食气。唯酒无量，不及乱。』显然说的是日常生活的事情，跟祭祀并无关系，过去的解释很牵强。其实古代有一条礼制，既适用于祭祀，也适用于日常饮食。《仪礼·特牲馈食礼》：『主人升，入复位。俎入设于豆东。鱼次，腊特于俎北。』郑玄注：『腊特，馔要方也。凡馔必方者，明食味，人之性所以正。』这是说，古人吃饭时摆放食物，一定要尽量摆放成方形，这是因为饮食之正直接影响到人性之正。郑玄『食味，人之性所以正』，就可以解释孔子为什么这么『挑剔』了。《仪礼·士昏礼》：『赞设黍于酱东，稷在其东，设湆于酱南。』又《少牢馈食礼》：『佐食上利升牢心舌，载肵所俎，心皆安下切上。』郑玄注：『安，平也。平割其下，于载便也。凡割本末，食必正也。』可见『割不正不食』，并非孔子对饮食吹毛求疵。

郑玄已经注意到，《仪礼·聘礼》的一段记文可以跟《论语·乡党》篇对于孔子的记载对照起来。《乡党》云：

摄齐升堂，鞠躬如也，屏气似不息者。出，降一等，逞颜色，怡怡如也。没阶，趋进，翼如也……

执圭，鞠躬如也，如不胜；上如揖，下如授。勃如战色，足蹜蹜如有循。

《仪礼·聘礼》云：

上介执圭，如重，授宾。宾入门，皇；升堂，让。将授，志趋。授如争承，下如送。君还而后退。下阶，发气，怡焉。再三举足，又趋。及门，正焉。执圭，入门，鞠躬焉，如恐失之。

我们可以把相关的部分对比起来看：

《仪礼·聘礼》	《乡党》
上介执圭，如重	执圭，鞠躬如也，如不胜
升堂，让。将授，志趋	
授如争承，下如送	
下阶，发气，怡焉	
再三举足，又趋	

> 摄齐升堂，鞠躬如也，屏气似不息者
> 上如揖，下如授。勃如战色，足蹜蹜如有循
> 出，降一等，逞颜色，怡怡如也
> 没阶，趋进，翼如也

这种一致，也许可以证明《仪礼》记文的作者跟《论语》的编者之间存在着某种传承关系。

孔子的官做得最大的时候，也只是大夫的级别，但是孔子以知礼著称，所以常常受命担当只有卿才有资格担当的襄礼之事，叫作『摄』。《乡党》也有一些记载：

> 君召使摈，色勃如也，足躩如也。揖所与立，左右手，衣前后，襜如也。趋进，翼如也。宾退，必复命曰：『宾不顾矣。』

这里记载的就是孔子摄摈之事，所记为聘礼一类。某些记载与《仪礼·聘礼》也能对照，例如《仪礼·聘礼》云：

『宾出，公再拜送，宾不顾。』

根据《仪礼·聘礼》，送宾出门，复命于公，这是上摈之事。所以郑注云：『公既拜，客趋辟，君命上摈送宾出，反告，宾不顾。于此君可以反路寝矣。《论语》说孔子之行曰：「君召使摈，色勃如也，足躩如也。宾退，必复命

曰，宾不顾矣。」」贾疏：『此送宾是上摈，则卿为上摈。孔子为下大夫，得为上摈者，以孔子有德，君命使摄上摈。若定十年夹谷之会，令孔子为相，同也。』

了解了孔子摄相，在礼制上属于『破格』采用，对于《论语》的记载就会有更加深刻的体会。原来《乡党》记此事，是荣君之召，一如孔子给儿子取名为鲤，是荣君之赐。

上摈是卿为之，其他的襄礼之人就不一定了。所以子路、曾皙、冉有、公西华侍坐，孔子让学生们各言其志，公西华对曰：『非曰能之，愿学焉。宗庙之事，如会同，端章甫，愿为小相焉。』（《先进》）会同是诸侯朝见天子之礼，会同之礼在天子的宗庙举行，所以孔子评价公西华说：『宗庙会同，非诸侯而何？』其上摈也得是卿的级别，公西华不是卿大夫一级，所以他说『愿为小相焉』。小相大夫、士都可以充当。但是孔子认为，公西华的才能做个大相也是绰绰有余，所以他说：『赤也为之小，孰能为之大？』

《论语》中有一章很独特，记的是如何称呼诸侯国君的夫人：

邦君之妻，君称之曰夫人，夫人自称曰小童；邦人称之曰君夫人，称诸异邦曰寡小君；异邦人称之亦曰君夫人。

（《季氏》）

这一章在整部《论语》中都显得很特殊，不但所记的事情很琐碎，而且是女子之事。《论语》的编者记载这一条，是因为这一条体现了孔子『正名』的思想，其中包含着礼制的背景。这一条针对的是当时诸侯以妾为夫人的现象。《礼记·曲礼》：『天子之妃曰后，诸侯曰夫人。』所以按照礼制，只有嫡妻才能称夫人，妾地位较卑，不能称夫人。《集解》引孔注：『当此之时，诸侯嫡妾不正，称号不审，故孔子正言其礼也。』刘宝楠认为春秋时，嫡妾之礼不正，多以妾为夫人。故《左传》言鲁文公有二妃，齐桓公有三夫人，郑文公有夫人芈氏、江氏，宋平公纳其御，步马者称君夫人，及左师受馈，亦改命曰君夫人，是当时妾称夫人也。

孔子对于『夫人』的名分这么看重，是因为在古代宗法制度下，嫡庶之别是非常严格的。嫡妻所生的第一个儿子才是嫡长子，这关系到继承权的问题。《左传》所载诸多国家内部的动乱，往往因为继承权产生问题而引起。由此我们也可以对孔子『必也，正名乎』（《子路》）的思想有更深入的理解。

《论语》语言简洁，但是背后的信息量很丰富，要准确地理解也并不容易，常常会产生一些有争议的读法。有时侯，根据礼制所描述的情况，可以帮助我们解决一些这方面的问题。例如《八佾》篇：

子曰：『君子无所争。必也射乎！揖让而升下，而饮，其争也君子。』

此章『揖让而升下，而饮』一句，自古相传有两种读法，这里采用的是《论语集解》的句读。《集解》引王肃曰：『射于堂，升及下，皆揖让而相饮也。』《礼记·射义》引此章，郑玄注云：『下，降也。饮射爵者，亦揖让而升降，胜者袒，决遂，执张弓；不胜者袭，说决拾，却左手，右加弛弓于其上而升饮。君子耻之，是以射则争中。』从『亦揖让而升降』一句来看，郑玄的读法与《集解》是一致的。

不过，郑玄还有另外一种读法，他的《毛诗笺》与他的《礼记》注不同，《诗经·小雅·宾之初筵》笺云：『射之礼，胜者饮不胜，所以养病也。故《论语》曰：「下而饮，其争也君子。」』据此，则应读为『揖让而升，下而饮』。后来，朱熹《论语集注》也是这么读的。

第二种读法虽然在音节上比较顺一些，但是在意义上却很难讲通。如果根据射礼的全过程来考虑，这个问题其实不难解决。升，是升堂；下，是下堂。古代射礼比赛的双方，互相揖让而升堂，而射，然后揖让而下堂；分出胜负之后，要上堂饮罚爵，二者又相揖上堂，负者饮罚爵，然后又相揖下堂。这一过程在《仪礼》中有详细的记述，例如《仪礼·大射》篇饮罚酒的礼仪：

胜者皆袒决遂，执张弓；不胜者皆袭，说决拾，却左手，右加弛弓于其上，遂以执弣。司射先反位。三耦及众射者皆升，饮射爵于西阶上。小射正作升饮射爵者，如作射。一耦出，揖如升射，及阶，胜者先升，升堂少右。不胜者进，北面坐取丰上之觯，兴；少退，立卒觯，进；坐奠于丰下，兴，揖。不胜者先降，与升饮者相左，交于阶前，相揖。适次释弓，袭，反位。仆人师继酌射爵，取觯实之，反奠于丰上，退俟于序端。升饮者如初。三耦卒饮。

按照这一过程，《论语》要表达的意思是：揖让而升下，揖让而饮，其所争是君子之争。因此，「揖让而升下，而饮」，才是合理的读法。

除了这些句读方面的问题，还有一些训诂上的争议，也需要从礼制上去考虑，才有可能得以解决。例如《乡党》云：

见齐衰者，虽狎，必变。见冕者与瞽者，虽亵，必以貌。凶服者式之。式负版者。

凶服就是丧服，负版是什么？《集解》引孔注：「持邦国之图籍。」即国家的版图户籍等文书。这一解释有一点问题。孔子在车上，怎么能知道谁的身上背的是国家的版图户籍？而且把「负」解释成「持」，也并不合适。

古代丧服中有一种叫作「负」的。《仪礼·丧服记》：「负，广出于适寸。」郑玄注：「负，在背上者也；适，辟领也。负出于辟领外旁一寸。」贾公彦疏：「以一方布置于背上，上畔缝着领，下畔垂放之，以在背上，故得负名。」负也叫作负版。《仪礼·丧服记》：「衰，长六寸，博四寸。」郑玄注：「前有衰，后有负版，左右有辟领。」这种负版的丧服，只有齐衰以上才有。「式负版者」的「负版」，应该就是这种丧服。

其实宋代已经有这种说法了，可是前人都不相信。可能是因为前面已经讲了「凶服者式之」，再说「负版」为丧服，有点重复。不过，「凶服者」是泛言，「负版」是子为父母服丧才有，而且背在背上，比较明显，所以二者所言可看成递进关系，而不是重复。另外，『凶服』是从人的前面经过时所见，『负版』则是从人的后面经过时所见，二者相辅相成，互为补充，较之旧说，确实为优。

值得注意的是，定州竹简本『凶服者式之』作『六者式之』，整理者认为『六』可能同『戮』。戮是受过刑的人。古代很多受刑的人都可以从外表上看出来，例如墨刑刺字、劓刑割鼻、刵刑割耳、髡刑剃发等。孔子『轼之』，也是『哀矜而勿喜』之意。从竹简本来看，『凶服』与负版重复的问题，就完全不存在了。

《论语》所记的孔子的话，有很多并不是孔子第一个这么说，而是古代的谚语、成语等。例如他对颜渊说的『克己复礼为仁』，见于《左传》昭公十二年：『仲尼曰：「古也有志，克己复礼，仁也。」』可见是古书上的成语。还有些话也不是孔子的发明，只是孔子表达了古礼的要求而已。例如《卫灵公》篇：

> 子曰：『辞达而已矣。』

孔子是非常重视语言修辞的。他曾经说：『《志》有之：「言以足志，文以足言。」不言，谁知其志？言之无文，行而不远。』（《左传·襄公二十五年》）《季氏》篇：『不学诗，无以言。』《宪问》篇也说：『为命，裨谌草创之，世叔讨论之，行人子羽修饰之，东里子产润色之。』又如《周易·乾卦·文言》：『修辞立其诚，所以居业也。』《礼记·儒行》：『言谈者，仁之文也，歌乐者，仁之和也。』

那为什么孔子又要强调『辞，达而已矣』呢？其实孔子的这话是有条件的。《仪礼·聘礼》：『辞多则史，少则不达。辞苟足以达，义之至也。』可见所谓『辞达』，是话不要说得太多的意思，并不是言辞不要文饰的意思。其中『辞多则史』一句，又很容易让人想到孔子说过：『质胜文则野，文胜质则史。文质彬彬，然后君子。』（《雍也》）如果把『辞，达而已矣』作为孔子文学思想的代表，并将之与『文以载道』、『言之有物』、『文章合为时而著，歌诗合为事而作』联系起来，乃是曲解。

有些言辞，表面上可能看不出与礼有什么关系，但深入研究就会发现不然。例如孔子要求读《诗》要做到能『专对』，《子路》篇：

子曰：『诵诗三百，授之以政，不达；使于四方，不能专对。虽多，亦奚以为？』

在春秋时代的外交场合中，常常用诗来婉转地表达各方的意思，显得风雅、有教养，这在《左传》中很常见。所以熟读诗，是作为外交官的前提条件。一个外交官，当然要在不同的场合说不同的话。这种话，有些是程序化的客套话，背下来就行了，例如《仪礼·聘礼》：『至于朝，主人曰：「不腆先君之祧，既拚以俟矣。」宾曰：「俟间。」』这就是套语，是需要背下来的。但是具体论事的时候，就需要根据事态的变化做出敏捷的反应。

专对，就是要求外交官根据当时的情势，独立地应对外交辞令，不受任何人的干扰。《集解》：『专，犹独也。』，所谓独，就是独立做主的意思。所以《仪礼·聘礼》：『辞无常，孙而说。』郑注：『大夫使，受命不受辞。』《公羊传庄公·十九年》云：『出竟有可以安社稷利国家者，则专之可也。』胡培翚以为此《论语》言专对之证。能否专对，是一个国家是否有人才的标志，可以显示国家的实力，《左传·襄公二十七年》有一个故事，很能说明问题：

壬午，宋公兼享晋楚之大夫，赵孟为客，子木与之语，弗能对，使叔向侍言焉，子木亦不能对也。乙酉，宋公及诸侯之大夫盟于蒙门之外。子木问于赵孟曰：『范武子之德何如？』对曰：『夫子之家事治，言于晋国无隐情，其祝史陈信于鬼神，无愧辞。』子木归，以语王。王曰：『尚矣哉！能歆神人，宜其光辅五君以为盟主也。』子木又语王曰：『宜晋之伯也！有叔向以佐其卿，楚无以当之，不可与争。』晋荀寅遂如楚莅盟。

孔子的弟子们所说的话，也有不少是古礼的反映。例如《里仁》篇：

子游曰：『事君数，斯辱矣；朋友数，斯疏矣。』

这也不见得是子游的发明，而是古代礼制的要求。所谓『数』，是频繁、过于亲密的意思。《仪礼·乡射礼》云，乡射礼之『明日，宾朝服以拜赐于门外。主人不见，如宾服，遂从之，拜辱于门外，乃退』。宾拜主人，为什么主人不见？郑玄注：『不见，不亵礼也。』贾公彦疏：『礼不欲数，数则渎，今主人不见，恐相亵，故不见也。』

可见，子游的话，是很符合古代礼的精神的，孔子的态度也是一样，他说：『所谓大臣者，以道事君，不可则止。』（《先进》）子贡问友，子曰：『忠告而善道之，不可则止，毋自辱焉。』（《颜渊》）君臣、朋友之间要保持一定的距离，不能靠得太近。臣事君太近，则不易保持君臣之分。朋友之间太近，则易狎，狎则反疏。

叔本华的《副录与补遗》有一个比喻：有一群豪猪，在冬天想凑在一起，用体温来御寒。但他们紧靠在一起时，马上又觉得各自身上的刺扎得彼此都很疼，于是赶紧又离开。一离开又觉得冷，于是又靠近，又被扎得很疼。但慢慢地他们找到了彼此之间比较合适的距离，都能够过得很平安，又能取暖。人是社会性的动物，必须相互交往，但是又因为各有可厌的缺陷，必须要保持一定的距离才能够和平共处。古今中外对于人性的观察结果还是非常相似的，只是具体的处理方式不同而已。

《论语》中记载孔子的一些言行，表面上看来，好像孔子不知礼或者违背了礼制，但实际上孔子遵循的是另一条更重要的礼。例如《八佾》篇云：

子入太庙，每事问。或曰：『孰谓鄹人之子知礼乎！入太庙，每事问。』子闻之曰：『是礼也。』

《论语集解》引孔安国注，认为太庙祭礼复杂，孔子虽知而复问，是谨慎之至。这本身就是礼。也许是孔子的名声太大了，他常常受到别人的一些试探，例如：

陈司败问昭公知礼乎，孔子曰：『知礼。』孔子退，揖巫马期而进之，曰：『吾闻君子不党，君子亦党乎？君取于吴，为同姓，谓之吴孟子。君而知礼，孰不知礼？』巫马期以告。子曰：『丘也幸，苟有过，人必知之。』（《述而》）

这位陈司败明知道鲁昭公违礼，还要问这么个问题，显然是想试探一下孔子的态度。周代的婚姻制度是『同姓不婚』。鲁国始祖周公是文王之子，姬姓。吴国始祖泰伯，是文王的伯父，也是姬姓。按照礼制，昭公是不能娶吴女的，所以陈司败说昭公不知礼。

按照当时的惯例，夫人的称呼是国名加姓，所以昭公娶吴女，本来应该叫『吴姬』。讳娶同姓，所以称吴孟子。

孔子说昭公知礼，其实并不是偏袒的问题，而是遵循另外一条礼制。《左传·僖公元年》：『讳国恶，礼也。』昭公娶吴女，这是国恶，孔子礼应讳之。陈司败的批评其实并不合适，但是孔子却说『丘也幸，苟有过，人必知之』，这是一种很高的姿态，不为自己辩解，承认自己有错。不过，孔子照旧为君讳，《左传·哀公十二年》：『夏五月甲辰，孟子卒。』《公羊传》云：『其称孟子何？讳娶同姓。』还是照旧，颇有『虚心接受，死不悔改』的意思。

我们也许还应该注意，即使那些原文指明了是在谈礼制的内容，也可能包含着一些『言外之意』。例如《子罕》篇：

子曰：『麻冕，礼也；今也纯，俭，吾从众。拜下，礼也；今拜乎上，泰也。虽违众，吾从下。』

麻冕，是麻布做的冕。麻冕比丝冕难做，孔子从俭。拜下与拜上，是指臣见君之礼。臣见君，先在堂下拜，然后升堂，成礼。孔子时，臣子骄泰，先升堂，而后拜。孔子认为这是原则问题，虽然违背众人，但还是遵从拜下。

这里值得注意的是，孔子讲『俭，吾从众』，倒并不是因为他真的觉得『俭』好，而是不得已才从众的。《八佾》篇云：

林放问礼之本。子曰：『大哉问！礼，与其奢也，宁俭；丧，与其易也，宁戚。』

奢，是奢侈，礼数过头；俭，是礼数不到。易，是简单，礼数不到；戚，是悲痛，礼数过头。准确理解此章的意思，关键在『与其A宁B』这个关联词组上。它蕴含的前提是，A和B都不是理想的选择，只是比较起来，B要好一点。因此，奢、俭，易、戚在这里都是不理想的。孔子认为，礼的最根本的要求就是得中，不能过，也不能不及，过犹不及。这就是礼之本。《礼记·檀弓上》有一句话可以参考：

子路曰：『吾闻诸夫子：丧礼，与其哀不足而礼有余也，不若礼不足而哀有余也。祭礼，与其敬不足而礼有余也，不若礼不足而敬有余也。』

所以，孔子对于丝冕的俭，也并不满意，只不过他觉得比较起来还能接受而已。如果拿这个来证明孔子在礼的问题上善于『与时俱进』，就更是差之毫厘，失之千里了。

七、《论语》所涉孔子的日常生活

我们这里所谓的孔子的日常生活，无非是指与孔子衣食住行相关的一些文化史常识方面的问题。因此，这基本上是圣人的『生活』问题，多半是些枯燥的几乎要失传的名物制度，没什么隐私。

（一）『衣冠中，动作慎』——服饰

在各种服饰之中，古人最重视的，可能要数帽子了，当时叫冠，或称元服。元的本义就是头。冠是成人的象征，《礼记·曲礼上》：『男子二十，冠而字。』《仪礼·士冠礼》：『令月吉日，始加元服。』男子二十岁时，要选择吉日良辰，举行冠礼，表示他已经成人了。行礼时必戴冠，所以冠也是礼仪的象征，据说当时的少数民族，是不冠披发的。所以《宪问》篇孔子说：『管仲相桓公，霸诸侯，一匡天下，民到于今受其赐。微管仲，吾其被发左衽矣。』

戴冠之前，要先束发，并盘成一个发髻，用一块黑色的帛布把发髻包住。这块黑帛二尺二寸宽、六尺长。

冠是帽子的通称。当时的冠，可以分为冕、弁、冠三类。

冕是天子、诸侯、大夫祭祀时戴的，最为尊贵。所以孔子见到穿冕服的人，都要有所表示：

子见齐衰者、冕衣裳者与瞽者。见之，虽少必作；过之，必趋。（《子罕》）

见冕者与瞽者，虽亵，必以貌。（《乡党》）

冕套住脑袋的一圈布（一般是丝制的）叫作武，也叫冠卷、冠圈。上面有一块木板，用麻布包起来，外面黑色，里面红色，延伸出武的前后，所以叫作延。延后高前低，稍稍倾斜。武与延不直接连在一起。在延的两旁有纽，用丝带做成圈状；在武的两旁有小孔。戴冕时，用一根玉笄连贯武之两孔、延之两纽以及发髻，由此固定。又用一根红色丝绳，系在冕的右侧笄上，下垂，绕过颔下，向上系在左侧的笄上，加固，垂其余以为饰。这根加固的丝绳叫作纮，或叫缨。所垂之余，其末端系一块玉，叫作瑱，俗称塞耳。天子用十二根五彩丝绳，每一根串十二片五彩玉，挂在延前，叫作十二旒。诸侯九旒，每旒九玉；侯伯七旒，每旒七玉；子男五旒，每旒五玉。旒和玉瑱（塞耳）是有象征意义的，是告诫君主，不要看得太清楚，也不要听得太清楚，要包容臣下的某些缺点。《大戴礼记·子张问入官》：『古者冕而前旒，所以蔽明也；统纩塞耳，所以弇聪也。故水至清则无鱼，人至察则无徒。』

冕本来是用麻布做的，不过孔子的时候，已经改为用丝了，所以《子罕》篇云：

子曰：『麻冕，礼也；今也纯，俭，吾从众。』

麻冕粗，丝冕细，但是从制作工艺讲，用麻做冕反而更麻烦，所以孔子说丝冕『俭』。

弁是皮帽，皮又叫韦。用赤黑色布做的叫爵弁。爵通『雀』，因为颜色赤中带黑，如麻雀头，故名。用白鹿皮做的叫皮弁，用熟皮制成，浅朱色的叫作韦弁。

弁的外形像半个西瓜。用几块三角形的皮缝合成半圆状，顶点叫作邸，用象骨装饰，缝合的接缝叫作会，其中都镶上五彩玉，叫作璂。其他有玉笄等，与冕同。《诗经·卫风·淇澳》：『有匪君子，充耳琇莹，会弁如星。』

冠通常是指玄冠，这是最常用的礼服之冠，以黑缯（黑中略带赤色，所谓玄）为之，又称委貌。玄冠用一冠圈围住前额与发髻，又有一块布条，从前到后，经过头顶，两端属于武，叫作冠梁，冠梁有襞积，横缝。武之左右两端各垂一丝绳，即缨，在颔下打结固冠，垂其余以为饰。玄冠是上朝时候戴的。

据说商代常用的礼帽叫作章甫，夏代叫作毋追，而周代就是玄冠，当时人也有把玄冠叫作章甫的。所以在诸弟子侍坐于孔子，孔子让他们各言其志时，公西华说：

宗庙之事，如会同，端章甫，愿为小相焉。（《先进》）

另外还有一种特殊的冠，叫作缁布冠，其形制大致与玄冠同，但是以布为之，不用笄，而用一种叫作缺项、又名頍的东西连接冠武与发髻。在缺项的四角上有丝带，系在武上固定。这种缁布冠只是在举行冠礼的时候用一次，以后就再也不戴了。

不过，普通老百姓平常也不戴冠，只是用一块头巾把发髻遮住，叫作帻。《说文》：『发有巾曰帻。』

古人穿衣，先穿亲身之服，次则春秋加袷，即夹衣，帛质的夹衣又叫褶。夏加絺绤（细葛布衣和粗葛布衣），冬加裘，又次各加裼衣，又次上加礼服。

贴身之服，也叫泽，又作襗。《诗经·秦风·无衣》：『岂曰无衣？与子同泽。』郑笺：『泽，亵衣，近污垢。』汉人又叫汗衣，《释名·释衣服》：『汗衣，《诗》谓之泽，受汗泽也。』

亵衣，本来是指平常家居的衣服，所以《说文》云：『亵，私服。』在正式的场合，外边一般得穿正式的礼服，所以亵服也指穿在里面的衣服。《乡党》说：

君子不以绀緅饰，红紫不以为亵服。

绀，深青中带红的颜色。《说文》：『绀，深青而扬赤色也。』緅，『铁灰色』，青多红少，比绀更接近黑色。饰，指衣服的缘边。《礼记·丧大记》：『袍必有表，不禅，衣必有裳，谓之一称。』袍也是一种亵服。郑玄注：『袍，亵衣，必有以表之，乃成称也。』《子罕》篇云：

子曰：『衣敝缊袍，与衣狐貉者立，而不耻者，其由也与？「不忮不求，何用不臧？」』子路终身诵之。子曰：『是道也，何足以臧？』

缊袍，里面塞旧丝棉的棉衣。缊，旧絮，古代没有草棉，都是丝棉。狐，狐狸。貉本来念（mò），《说文》：『貉，北方豸种。』是北方少数民族的名称，但是古书中经常假借作『貈』，貉字的本义反而很少用。貈是像狐狸的一种毛皮动物。衣狐貉者，指贵族。

古代衣服中最贵重的是祭服，祭服的颜色以玄（赤黑色）、缥（青白色）为正色。绀、緅、紫与玄的颜色非常接近。郑玄认为是『尊其类』，爱屋及乌，所以不用它们来缘边，也不用来做亵服。

孔子曾说：『恶紫之夺朱也，恶郑声之乱雅乐也，恶利口之覆邦家者。』（《阳货》）似乎孔子对紫色没有什么好感。《论语集解》引孔注：『朱，正色，紫，间色之好者。恶其邪好而夺正色。』按照古代的五行说，天玄，地黄，东方青，南方赤，西方白，北方黑，这些是正色。赤即朱，属南方正色，故天文四象，南方曰朱雀。《孟子·尽心下》：『孔子曰：「恶似而非者：恶莠，恐其乱苗也；恶佞，恐其乱义也；恶利口，恐其乱信也；恶郑声，恐其乱乐也；恶紫，恐其乱朱也；恶乡原，恐其乱德也。」』所言与此章意思相近。孔子说『恶紫之夺朱，』倒不见得是因为颜色本身的相像，而是因为当时人多好紫。江永《乡党图考》：『按孔子言「恶紫之夺朱也」，当时尚紫亦有渐，玄冠紫绥，自鲁桓公始。《战国策》曰：「齐紫，败素也，而价十倍。」盖齐桓公有败素，染以为紫，下令贵紫，人争买之，价十倍。』《管子》云：『齐桓公好服紫，齐人尚之，五素而易一紫。』其贵紫有由来矣。哀公十七年，卫浑良夫衣紫衣狐裘，被太子数其三罪杀之，紫衣居一。杜注：『紫衣，君服。』可见当时君服紫。孔子不以红紫为亵服，不知道究竟是『尊其类』，还是不喜欢。

衣有单衣，有夹衣。《礼记·玉藻》：『禅为絅，帛为褶。』郑注：『禅，有衣裳而无里。褶，有表里而无著。』

春秋两季穿的袷或褶都是夹衣。所以曾皙有『春服』之言：

莫春者，春服既成，冠者五六人，童子六七人，浴乎沂，风乎舞雩，咏而归。（《先进》）

夏天穿的絺绤是单衣：

当暑，袗絺绤，必表而出之。

袗，单衣，单衣是指没有里子的衣服，相对袷、褶等有里子的衣服而言。絺，细葛布做的衣服。绤，粗葛布做的衣服。袗絺绤，就是细葛布和粗葛布的单衣。必表而出之，外面一定要加一件外衣，才能出去，这是当时的礼节。《礼记·玉藻》：『振絺绤不入公门。』郑注：『振，读为袗，袗，单也。』

冬天则要在夹衣上再加裘。裘衣即毛皮大衣，穿时皮在里、毛在外，所以外面都罩一件衣服，就是裼衣。裼衣的颜色必须与裘服的颜色同。孔子是大夫，作为礼服的裘衣有羔裘、麑裘、狐裘，《乡党》篇：

缁衣，羔裘；素衣，麑裘；黄衣，狐裘。

这里的缁衣、素衣、黄衣都是裼衣。羔裘，黑色的羊裘，缁衣也是黑色的衣服，卿大夫助祭于君的时候穿。麑裘，白色的鹿裘，素衣是白色的丝衣，天子视朔时候穿。狐裘，黄色的狐裘，罩黄衣，大蜡，即年终祭祀各路与丰收有关的神仙时候穿。这些礼服都是吉服，不用于凶丧之礼。《乡党》云：

羔裘玄冠不以吊。

羔裘玄冠，都是祭祀的礼服，黑色。吊是丧服。孔注：『丧主素，吉主玄，吉凶异服，故不相吊也。』

平常家居的时候，穿一种狐貉皮做的裘衣，叫作亵裘，《乡党》：

亵裘长，短右袂。

与礼服的狐裘不同的是，亵裘长，为了保暖，而礼服之裘不能太长，否则妨碍行礼。袂，袖子，短右袂，是为了便于做事。另外，亵裘裼衣用深衣。

深衣也是平常家居时穿的便服。一般男子的衣服都是衣裳分开，深衣上下相连，被体深邃，故称深衣。凡衣服的裳下沿的周长比腰的周长大一倍。一般的衣服用正幅（规整的长方形）缝制，布的上下宽度相同（一幅二尺二寸），所以在腰间襞积褶迭以收杀之，使腰小于下沿一倍。这也就是《乡党》篇所说的『帷裳』。郑玄云：『帷裳，谓朝祭之服，其制，正幅如帷也。』朝祭之服用正幅缝制，郑玄说像帷，所以称帷裳。《乡党》云：

非帷裳，必杀之。

『非帷裳』，就是指深衣，因为深衣用正幅斜裁之，直接使腰小于下沿一倍，所以不用襞积。所谓『杀之』，谓斜裁之（杀，减少）。

《乡党》又云：『狐貉之厚以居。』此句有不同的理解。郑玄云：『在家所接宾客。』这是说狐貉之厚就是家居的裘，即上文之亵裘。刘宝楠《正义》引毛凤韶、阎若璩说，认为居有坐的意思，狐貉之厚指的是用狐貉皮做坐垫。《论语》：『居！吾语女。』《孟子》：『坐，吾明语子。』毛、阎认为居、坐错出，居有坐的意思。可备一说。

下衣叫作裳，裳就是裙子。《说文》：『裳，下帬也。』『帬，下裳也。』我们今天叫作裤的，是从古代的袴变来的。袴也写作绔，《说文》：『绔，胫衣也。』《释名》：『绔，跨也，两股各跨别也。』当时的袴只有两个腿筒，上端有丝绳，可以系在腰间。跟现在的裤基本相同的，叫作裈，又作裩。

上衣外有带。《礼记·深衣》：『带下毋压髀，上毋压胁（肋骨），当无骨者。』这与我们今天扎腰带的部位相同。《公冶长》：

子曰：『赤也，束带立于朝，可使与宾客言也，不知其仁也。』

带有二，一是大带，是丝做的，《诗经·曹风·鸤鸠》：『淑人君子，其带伊丝。』以大带束腰，一端下垂以为饰，叫作绅，《卫灵公》篇：

子张问行，子曰：『言忠信，行笃敬，虽蛮貊之邦行矣。言不忠信，行不笃敬，虽州里行乎哉？立则见其参于前也，在舆则见其倚于衡也，夫然后行。』子张书诸绅。

绅之制，据《礼记·玉藻》：『……绅长制，士三尺，有司二尺有五寸。《玉藻》说：『凡侍于君，绅垂……』这是因为在君前时，人弯腰磬折，所以带垂。《乡党》说：

疾，君视之，东首，加朝服，拖绅。

孔子生病，鲁君来看他，他就穿着朝服，绅本来应该下垂，但是因为生病躺着，所以是拖绅。

大带上还要系一根革带，用以佩带各种装饰，如佩玉、佩巾、韨等，就是过去一般所说的鞶带。有时候也把鞶带叫作大带，《说文》：『鞶，大带也。』段玉裁注云：『古有大带，有革带。革带以系佩韨，而后加之大带，则革带统于大带。故许于绅，于鞶皆曰大带。』这是说，分而言之，鞶带是革带，大带是丝带；统而言之，鞶带也可以叫大带。

鞶还有另外一个意思，是指装佩巾的小囊，系于革带之上。《礼记·内则》：『男鞶革，女鞶丝。』郑注：『鞶，鞶囊也，男鞶革，女鞶丝，所以盛悦巾之属。』

鞶带上所佩之物，除了鞶囊之外，还有很多东西。《内则》：『左佩纷帨、刀、砺、小觿、金燧，右佩玦、捍、管、遰、大觿、木燧偪，屦着綦。』郑注：『纷帨，拭物之佩巾，今齐人有言纷者。刀、砺，小刀及砺砻也。小觿，解小结也，觿貌如锥，以象骨为之。金燧，可取火于日。捍，谓拾也，言可以捍弦也。管，笔彄也。遰，刀鞞也。木燧，钻火也。』这些各种各样的佩饰，可以统称为杂佩。《诗经·国风·郑风·女曰鸡鸣》：『知子之来之，杂佩以赠之。知子之顺之，杂佩以问之。知子之好之，杂佩以报之。』

最重要的佩饰是芾，又作韨，俗称蔽膝，这是祭服前遮住膝盖的饰物，皮制。远古时代的人，只知道遮蔽身前而已，后来才有衣服，所以芾是太古原始衣服的延伸。《诗经·小雅·采菽》：『赤芾在股，邪幅在下。』郑玄《笺》云：『芾，大古蔽膝之象也。』孔疏引郑玄《易乾凿度》注云：『古者田渔而食，因衣其皮。先知蔽前，后知蔽后。后王易以布帛，而犹存其蔽前者，重古道不忘本。』统而言之，芾又作韨，芾只与冕服相配。古书经常韨冕并称，例如《泰伯》篇：

子曰：『禹，吾无间然矣。菲饮食而致孝乎鬼神，恶衣服而致美乎黻冕，卑宫室而尽力乎沟洫。禹，吾无间然矣。』

黻本来是花纹，这里是『韨』的假借字，黻冕就是韨冕，代指祭祀的服饰。

韨的形制古书略有记载。《礼记·杂记下》：『韨：长三尺，下广二尺，上广一尺。会去上五寸，纰以爵韦六寸，不至下五寸，纯以素，紃以五采。』上边的缘边叫作会，『会去上五寸』是说会的宽度为五寸。两边的缘边叫作纰，纰六寸，中折之，表里各三寸。下边的缘边叫作纯，纯也是五寸。纠是缝中用以装饰的五彩丝。《礼记·玉藻》：『韨，君朱，大夫素，士爵韦。圆杀直，天子直，公侯前后方，大夫前方，后挫角，士前后正。韨下广二尺，上广一尺，长三尺，其颈五寸。』

其次要数玉了。这是因为古人常用玉来比喻君子之德。《礼记·礼器》：『君子于玉比德焉。』《诗经·秦风·小戎》也说：『言念君子，温其如玉。』古人常用玉比君子之德。《礼记·玉藻》：『古之君子必佩玉。』『君子无故玉不去身。』『故君子在车，则闻鸾和之声，行则鸣玉。』玉的佩带有独特的方式：上有一横玉（或者稍有弧度，如璜），叫作珩，珩系三根丝绳，串以蚌珠。中间一根的二分之一处串一块叫作瑀的玉石，末系一琮玉，方形圆孔，名曰冲玉。两边的两根丝绳，其二分之一处各系一块叫作琚的玉石，末端各系一弧形的玉，一头粗，一头细，犹如月牙，就叫作冲牙，缺口相向。人行动时，中间的冲玉就碰撞两侧的冲牙，发出玉石之声，冲牙之名由此起。

另外，未成年者还常佩香囊，又称容臭，其中多放一些香草或香料。《内则》：『男女未冠笄者……皆佩容臭……』

还有一些特殊的东西，可以根据自己的喜好有所选择。例如《韩非子·观行》：『西门豹之性急，常佩韦以自缓；董安于之心缓，故弦统以自急。』韦是经过加工之后的皮革，质地柔软，所以象征性缓；弦是张在弓上的，绷得很紧，所以象征性急。

孔子也有自己特殊的佩饰。《大戴礼记·保傅》：『孔子佩象环五寸，而綦绶。』象是象牙。据卢辩注，象牙是有纹理者，而环取可循环无穷之意。《乡党》云：

去丧，无所不佩。

可见他平常还是有很多佩饰的。

孔子上朝的时候，就穿朝服。通常上朝的衣服应该是玄冠、缁衣、素裳、缁带、素韠，这套衣服也统称为玄端，《先进》篇：

『赤，尔何如？』对曰：『非曰能之，愿学焉。宗庙之事，如会同，端章甫，愿为小相焉。』

端即玄端，用正幅（布广二尺二寸）布为之，不杀，黑色。在一些具体的场合下，裳有玄裳、黄裳、杂裳之分。章甫即玄冠，穿玄端时所戴的礼帽。

如果是在初一上朝，因为有视朔之礼，所以稍有不同，《乡党》：

吉月，必朝服而朝。

郑玄注朝服云：『皮弁服。』皮弁服是鹿皮帽、白布衣、素裳、缁带、素韠。每月初一是诸侯视朔，视朔之后即朝，皮弁服是视朔时所穿，所以孔子穿皮弁服上朝。

关于孔子穿什么样的鞋子，《论语》中没有说明。当时的鞋子有屦、蹝、舄、屐等名称。

屦是鞋子的通名，有草鞋、麻鞋、葛鞋、丝布鞋、皮鞋等。战国以后，作为鞋子通称的『屦』，逐渐被『履』取代了。

履本来是动词，是践履的意思，逐渐用为名词。

蹝就是草鞋。《孟子·尽心上》：『舜视弃天下，犹弃敝蹝也。』敝蹝就是破草鞋。

麻鞋用麻绳编织而成，葛鞋是用葛藤编织的，这些鞋都是夏天穿的。《诗经·小雅·大东》：『纠纠葛屦，可以履霜。』穿着葛屦履霜，这是贫穷的表现。冬天一般穿皮鞋。《仪礼·士冠礼》：『屦，夏用葛……冬皮屦可也。』皮鞋又叫作鞮，不过这可能是个『外来词』，《说文》：『鞮，革履也。胡人履连胫，谓之络鞮。』这种络鞮有点像今天的长筒靴子了。

舄是在一般的屦的鞋底下加一层木头的底，这样就可以在雨天或潮湿的地上行走了。舄的外形有点像鸟的形状，『舄』字的本义就是一种鸟。

屐是在鞋底下加一层厚木板，并且有齿，便于在泥泞的路上行走。

当时已经有袜子。袜子有丝织的，也有布帛的。古人以脱袜为敬，登席必脱袜。《左传·哀公二十五年》载卫侯与诸大夫饮酒，『褚师声子袜而登席，公怒。辞曰：「臣有疾，异于人，若见之，君将彀（呕吐）之，是以不敢。」』褚师声子因为脚有病，怕国君看了他的脚会呕吐，所以不脱袜。但不脱袜是不礼貌的行为，所以引起了卫君的愤怒。

晚上睡觉的时候盖的被子，叫作寝衣。《乡党》：

必有寝衣，长一身有半。

一般认为寝衣是小被子，大被子叫作衾。《说文》：『被，寝衣也，长一身有半。衾，大被也。』一身有半，人身高的1.5倍。但如果是这样的被子，恐怕不能算小被子了，因此前人也怀疑寝衣不是被子，例如刘宝楠《论语正义》说寝衣为睡衣。而王引之说『身』有另外一个意思，指颈之下、大腿之上（不含颈与大腿），则一身有半的长度，大致是在膝盖以上。但王引之所说的『身』，并无确凿的正据。所以这仍然是一个有待研究的问题。

孔子在斋戒的时候，还穿一种叫作『明衣』的衣服，《乡党》：

齐，必有明衣，布。

明衣是贴身的衣服，以布为之。贴身的衣服必洁清，所以称明衣。《仪礼·士丧礼》：『明衣裳，用布。』孔安国注《乡党》认为是沐浴衣，恐怕是不对的。

（二）『食不厌精，脍不厌细』——饮食

常言道『民以食为天』，古人也这么说：『王者以民为天，民以食为天。』粮食永远是民生的根本。《颜渊》篇：

子贡问政。子曰：『足食，足兵，民信之矣。』子贡曰：『必不得已而去，于斯三者何先？』曰：『去兵。』子贡曰：『必不得已而去，于斯二者何先？』曰：『去食。自古皆有死。民无信不立。』

尽管孔子的话听起来很『迂腐』，但是他也没有否认『食』的重要性。《尧曰》：

所重：民、食、丧、祭。

孔子所吃的粮食，当时有『五谷』之称：

子路从而后，遇丈人，以杖荷蓧。子路问曰：『子见夫子乎？』丈人曰：『四体不勤，五谷不分，孰为夫子？』植其杖而芸。（《微子》）

这位荷蓧丈人显然是隐居民间的『逸民』，他还亲自务农。蓧是一种耘田的工具。《说文》：『蓧，耘田器。』段玉裁注认为丈人拿蓧来除草，孔注『竹器』，可能有错误。有意思的是，在我的老家浙江农村，荷蓧丈人的话，就是农民们经常取笑我们这些读书人的话。

谷也用来代指俸禄，《宪问》云：

宪问耻，子曰：『邦有道，谷；邦无道，谷，耻也。』

五谷，泛指谷物，具体说法不一。《孟子·滕文公上》：『树艺五谷，五谷熟而民人育。』赵岐注：『五谷谓稻、黍（黄米，黏的小米）、稷（高粱）、麦、菽（豆）也。』这是五种主要的粮食作物。《周礼·天官·疾医》：『以五味、五谷、五药养其病。』郑玄注：『五谷，麻、黍、稷、麦、豆也。』《楚辞·大招》：『五谷六仞。』王逸注：『五谷，稻、稷、麦、豆、麻也。』说法虽然有出入，但都把麻当作五谷之一。麻子也可以吃。麻有雌雄，麻之实曰黂。

《诗经·豳风·七月》：『九月叔苴。』毛传：『苴，麻也。』《周礼·天官·笾人》：『朝事之笾，其实麷蕡。』可见麻子还可以用来祭祀。

周人以稷为五谷之长，其先人就是尧舜时代掌管农业的官，所以始祖名后稷。稷为何物，古今多异说，清人程瑶田《九谷考》以为即今人所说的高粱。高粱于诸谷之中，最为高大，且一年之中最先种，所以得为五谷之长。稷与社并称，代指国家。

黍的起源也很早，商代甲骨文中已有此字。黍即今之黄米，黏，北方人称为黍子，可以酿酒。《说文》：『黍，禾属而黏者也。』黍是当时的好米，所以《微子》篇荷蓧丈人『止子路宿，杀鸡为黍而食之』，这是用来招待宾客。

黍与稷是当时最重要的两种作物，经常并称。《诗经·秦风·鸨羽》：『王事靡盬，不能蓺黍稷，父母何食？』

北方最普遍的作物是禾，就是今天的小米，俗称谷子。禾与黍非常像，区别是禾的穗聚而下垂，而黍的穗稍稍分散。禾又是五谷的总称。《诗经·豳风·七月》：『九月筑场圃，十月纳禾稼。黍稷重穋，禾麻菽麦。』禾稼的禾是总称。先种而晚熟的叫作重，晚种而先熟的叫作穋。禾麻的禾就是谷子。禾的米粒叫作粱，这是北方的精米。

禾与黍的米粒都可以叫作粟，《诗经·小雅·黄鸟》：『黄鸟黄鸟，无止于谷，无啄我粟。』《雍也》：

原思为之宰，与之粟九百，辞。子曰：『毋，以与尔邻里乡党乎！』

粟也用来代指粮食，《颜渊》：

齐景公问政于孔子，孔子对曰：『君君，臣臣，父父，子子。』公曰：『善哉！信如君不君，臣不臣，父不父，子不子，虽有粟，吾得而食诸？』

五谷中的麦就是今天的小麦。大麦叫作麰。《诗经·周颂·思文》：『思文后稷……贻我来麰。』《孟子·告子章句上》：『今夫麰麦，播种而耰之。』

稻就是今天的水稻，《诗经·豳风·七月》：『八月剥枣，十月获稻。』稻是南方最重要的作物，在古代北方属于美食。稻子是精米，不是日常吃的。所以《阳货》篇记载宰我想要废除三年之丧时，孔子反问他：

食夫稻，衣夫锦，于女安乎？

稻有黏的，有不黏的。统而言之，稻既可以指黏的，也可以指不黏的，析而言之，则黏的称稻，不黏的叫秔（又作粳）。凡稷、黍、稻之黏者都可以叫秫。

菽是豆。统言之，则大豆小豆都叫菽，分言之，则大豆曰菽，小豆曰荅。《诗经·小雅·采菽》：『采菽采菽，筐之莒之。』郑笺：『菽，大豆也。』《说文》：『荅，小尗也。』尗通菽。

古人也常做一些干粮。《周礼·笾人》：『羞笾之实。糗饵、粉粢。』郑注：『此二物皆粉稻米、黍米所为也。』

合蒸曰饵，饼之曰餈。糗者，捣粉，熬大豆为饵，餈之粘着以粉之也。饵言糗，餈言粉，互相明也。」

肉食中有牛、羊、猪、鸡、鱼、雁（鹅）等。《周礼·天官·膳夫》：「凡王之馈，食用六谷，膳用六牲。」郑注：「六牲，马牛羊豕犬鸡也。」王引之《经义述闻》卷八不同意，认为郑注把《周礼》牧人掌管的六牲当成了馐膳的六牲，馐膳之六牲当为牛羊豕犬雁鱼。

猪肉和鸡肉可能是最常吃的肉。《阳货》：「阳货欲见孔子，孔子不见，归孔子豚。」《微子》篇荷蓧丈人「止子路宿，杀鸡为黍而食之」。

六牲之外，也吃狗肉，所以《孟子·梁惠王上》：「鸡豚狗彘之畜，无失其时，七十者可以食肉矣。」

当时养的牲口叫作畜，将用以祭祀之畜叫作牲。熟肉叫作饪，生肉叫作腥：

君赐腥，必熟而荐之。君赐生，必畜之。（《乡党》）

「生」即「牲」。刚杀的叫作鲜，干肉叫作腊。腊肉薄切之，叫作脯，切成长条状，叫作脩。一根脩叫作脡，十脡为一束。《述而》篇说：

子曰：「自行束脩以上，吾未尝无诲焉。」

当时还有很多蔬菜水果。《黄帝内经·素问》有「五菜」之称：葵、藿、薤、葱、韭。葵是当时很重要的蔬菜，《诗经·豳风·七月》：『七月烹葵及菽。』葵即葵菜，菽这里指豆叶，即藿。《战国策·韩策》：『民之所食，大抵豆饭藿羹。』薤像葱，是有辛味的菜，又称藠头，因为它的茎白色，像蒜头，也是很常用的调味料。韭菜也见于《诗经·豳风·七月》：『四之日其蚤，献羔祭韭。』

其他的蔬菜也有一些，例如《诗经·邶风·谷风》：『谁谓荼苦，其甘如荠。』提到荼菜和荠菜。荼有苦荼和甘荼，《诗经·大雅·緜》：『周原朊朊，堇荼如饴。』这是甘荼。又《诗经》有《采薇》之篇，伯夷、叔齐采薇于首阳山，薇是一种苦菜。还有藜，是灰菜。《诗经·豳风·七月》：『八月断壶。』毛传：『壶，瓠也。』即瓠瓜。《阳货》篇：

佛肸召，子欲往。子路曰：『昔者由也闻诸夫子曰：「亲于其身为不善者，君子不入也。」佛肸以中牟畔，子之往也，如之何？』子曰：『然，有是言也。不曰坚乎，磨而不磷；不曰白乎，涅而不缁。吾岂匏瓜也哉，焉能系而不食？』

匏瓜即瓠瓜。瓠瓜有甘瓠和苦瓠两种。《诗经·小雅·南有嘉鱼》：『南有樛木，甘瓠累之。』这是甘瓠。《国语·鲁语》：『苦匏不材于人，共济而已。』韦昭注：『材读若裁也，不裁于人，言不可食也，共济而已，佩匏可以度水。』不能吃。《论语》本章的匏就是苦瓠，所以孔子说『系而不食』。

羹也是当时餐桌上的常客，一般是带汁的肉。《说文》：『五味和羹也。』《左传·昭公二十年》：『和如羹焉，水火醯醢、盐梅以烹鱼肉，燀（炊）之以薪。宰夫和之，齐之以味，济其不及，以泄其过。』这是讲做羹的方法。普通老百姓大概只能吃点菜羹，即《韩非子·五蠹》所谓『粝粢之食，藜藿之羹』。

古代基本的调味品，有盐、酱、醋、梅等。酱是用米、面等发酵而成的，也有用鱼肉捣烂加上调料制成的，叫作醢。古人非常注重酱跟食物的搭配，所以孔子『不得其酱，不食』（《乡党》）。这一点，在今天的日本还保留着：日本人吃饭的时候有很多种酱，吃不同的菜和肉时要用不同的酱。我们今天已经不太注重这种搭配了。醋又叫醯（《公冶长》）：

子曰：『孰谓微生高直？或乞醯焉，乞诸其邻而与之。』

用醋可以做菹，相当于今天的酸菜、泡菜一类。另外，古代也常常用各种菜来调味，例如苦味可以用荼，甜味可以用甘草，辛味可以用葱姜蒜等。

当时已经有甜瓜一类的瓜果，《乡党》云：

虽疏食、菜羹、瓜祭，必齐如也。

古人吃饭之前，先把每一样菜都拿出少许，放在笾豆之间，算是祭祀先农，以示不忘本。瓜祭一般是取瓜的顶端部分，即连着藤的部分。

水果很多，苹果、橘子、枣子、李子、梅子、木瓜、杏儿、桑葚、栗子等。

《八佾》：

哀公问社于宰我。宰我对曰：『夏后氏以松，殷人以柏，周人以栗，曰，使民战栗。』

既有栗树，就有栗子。

孔子不但非常注重自己的身体，注意饮食，而且是一个美食家，他对自己的食物有严格的要求，色香味都有讲究，

《乡党》篇：

食饐而餲，鱼馁而肉败，不食。色恶，不食。臭恶，不食。失饪，不食。不时，不食。割不正，不食。不得其酱，不食。

饐，餲，都是饭坏变味，只是程度不同，餲重于饐。馁，腐败，鱼腐臭叫馁，肉腐臭叫败。臭是气味。失饪，指食物生熟火候不当。不时，不到吃饭的点。

古人一般也是三餐，朝食、午食、夕食。大夫以上，在早饭的时候杀牲，午饭、晚饭时继续吃。士则用鱼。但是在斋戒期间，每餐都杀牲，不吃上一餐剩下来的，而且不饮酒，不吃荤。荤是指有刺激性味道的食物，如葱、姜、蒜、韭等。斋戒时所食与平时不同，所以称变食：

齐必变食，居必迁坐。（《乡党》）

斋戒时不但变食，还要迁坐，即改变起居的处所。平常居于内寝，与夫人同居，斋戒时居于外寝（也称正寝）。

古人一日两餐，第一顿是朝食，又称饔，太阳行至东南隅，即隅中，约上午九点。第二顿是飧，吃第一顿饭剩下来的，不新做，约下午四点。

据说天子一天要吃四顿饭。《微子》：

太师挚适齐，亚饭干适楚，三饭缭适蔡，四饭缺适秦，鼓方叔入于河，播鼗武入于汉，少师阳、击磬襄入于海。

挚、干、缭、缺、方叔、武、阳、襄，皆乐官之名。天子一日四饭，吃饭要奏乐，奏乐的乐官有叫亚饭、三饭、四饭的。《白虎通·礼乐》曰：『王者四食何？明有四方之物，食四时之功也。四方不平，四方不顺，有彻膳之法焉。所以明至尊，著法戒也。惟王者居中央，制御四方。平旦食，少阳之始也；食时，大阳之始。晡时食，少阴之始，食时，太阴之始。』『诸侯三饭，卿大夫再饭』，按照这个说法，卿大夫一天只能吃两顿饭，那么士和庶人最多也就吃两顿了。

即使是对于祭肉，孔子的要求也很严格：

祭于公，不宿肉。祭肉不出三日。出三日，不食之矣。（《乡党》）

助祭于公，祭毕君有归脤膰（祭肉生曰脤，熟曰膰）之礼。所得祭肉，不隔夜。祭肉不能超过三日，出三日就可能变质，所以不吃。凡祭祀，于祭日开始杀牲以祭，明日又祭，即绎祭，祭毕，乃赐肉，则已经两天了。拿回来之后，还要再向下颁赐，所以不能再隔夜，否则就很容易超过三天。尽量要在三天之内吃掉，如果过三天以后扔掉。

孔子也注意主食与肉食之间的搭配：

肉虽多，不使胜食气。唯酒无量，不及敌。沽酒市脯不食。（《乡党》）

食气，五谷之气。这是说以食为主，不能以肉为主。市场上买卖的酒和干肉，孔子不吃，可能是因为买卖的东西，来历不明，不知道是否清洁。

他对于食物不厌精细：

食不厌精，脍不厌细。（《乡党》）

精，本指精米，这里指精细。脍，细切的生肉，先切成薄片，再切成细丝。

鲁迅曾说孔子『食不厌精，脍不厌细』的规矩有点奇特，大概是因为他有胃病，为了容易消化。下文『不撤姜食』，简直是不能省掉的暖胃药。孔子经常在齐鲁大道上坐车奔走，胃里装着沉重的面食，坐在车里行进在七高八低的道路上，一颠一颠，逐渐有『胃扩张』的毛病。消化能力减弱，每餐就非吃生姜不可了。

鲁迅学过医，他的『诊断』也许有道理。《乡党》说孔子吃饭总是『不多食』，就是不吃得过饱，这很符合现在的营养学观念，也可能是因为怕吃多了伤胃。

古代的饭器很多，主要的有篮与簋，《公冶长》：

子贡问曰：『赐也何如？』子曰：『女，器也。』曰：『何器也？』曰：『瑚琏也。』

商周时代的器物名称，汉代以来就已经不大清楚了，因此汉人的注解往往是不准确的。宋代以来金石学发达，发现了很多古代器物。宋人见识常高于前人，根据当时出土发现，认出了一批青铜器，但是也认错了不少。近代以来，出土器物增多，根据器物的自名（器物上刻着自己的名称），今天已经可以知道一批器物的确实名称了。瑚琏，包咸注：『黍稷之器。夏曰瑚，殷曰琏，周曰簠簋。』《大戴礼记·明堂位》则曰：『夏曰琏，殷曰瑚。』这些记载与出土发现有出入。

瑚，黍稷器。其基本形状为长方体，足为方足或方圈足，器盖对称，合为一体，分开就成两个器皿。过去常把瑚认作『簠』，其实是不对的。

簠，黍稷器。外形像豆，上盘之边较浅窄，与豆盘作碗形不同；圈足，粗而且矮，常为镂空。

簋，黍稷器。一般为圆形，深腹，三足或圈足，也有很多带方形底座。

琏，尚没有考古发现的器物可证。

盛菹醢的，有豆。木制之豆称豆，竹制之豆称笾，瓦制之豆称登《大雅·生民》：『昂盛于豆，于豆于登。』也有青铜的豆。笾之形与豆相似，但是因为它是竹制的，所以只能盛干菜水果之类的食物。笾豆是祭祀时必用的器物，所以常用来代指祭祀：

曾子有疾，孟敬子问之。曾子言曰：『鸟之将死，其鸣也哀；人之将死，其言也善。君子所贵乎道者三：动容貌，斯远暴慢矣；正颜色，斯近信矣；出辞气，斯远鄙倍矣。笾豆之事，则有司存。』（《泰伯》）

也有用圆形的竹器来装饭的，叫作箪，《雍也》：

子曰：『贤哉，回也！一箪食，一瓢饮，在陋巷，人不堪其忧，回也不改其乐。贤哉，回也！』

古代的饭基本都是蒸的，蒸器叫作甑，下有孔通气。米放在甑中，甑放在鬲上，鬲中放上水，加热鬲中的水，产生的蒸汽透过小孔，使米成饭。又有把鬲与甑合成为一体的，叫作甗。单用鬲本身也可以煮粥。鬲是有三个脚的锅，脚中空，没有脚的叫作釜。《孟子·滕文公上》：『许子以釜甑爨，以铁耕乎？』又有鼎，主要用来煮牲肉，祭祀的时候鼎是不可或缺的。鼎是重器，古代也用鼎作为社稷的象征。国家被灭亡，鼎就被迁到征服国那里去了，所以迁鼎表示国家的灭亡。

煮一般的肉可以用镬，相当于今天的锅。牲体从鼎镬中煮熟以后，用匕取出，放到肉板上，就是俎。祭祀时也用俎进献，所以『俎豆』也用来借指祭祀：

卫灵公问陈于孔子，孔子对曰：『俎豆之事，则尝闻之矣；军旅之事，未之学也。』明日遂行。

孔子很爱喝酒。孔子的祖先是殷人，殷人好酒，据说纣王亡国的原因之一就是喝酒惹的祸。周公有《酒诰》，告诫贵族们不可以酗酒。孔子可能是因为有商人血统的缘故，也很好酒，不过，他毕竟是圣人，能够管住自己，不喝得过分：

唯酒无量，不及乱。（《乡党》）

子曰：『出则事公卿，入则事父兄，丧事不敢不勉，不为酒困，何有于我哉！』『何有于我哉』，于我有何哉？是说不难的意思。

孔子对于吃饭，也有各种规矩，或者叫礼仪：

子食于有丧者之侧，未尝饱也。（《述而》）

食不语，寝不言。（《乡党》）

有盛馔，必变色而作。（《乡党》）

其中『食不语』一条，本来是贵族吃饭的礼仪，不过确实是很好的习惯，今天的父母也常常这么教育子女。

参加乡人的饮酒，也注意礼仪：

乡人饮酒，杖者出，斯出矣。（《乡党》）

此谓乡饮酒礼。乡饮酒礼主于尊老，座次以年龄为次。《礼记·王制》：『五十杖于家，六十杖于乡，七十杖于国，八十杖于朝。』等杖者出乃出，也是尊老之意。对国君，当然更加尊敬：

君赐食，必正席先尝之。（《乡党》）

侍食于君，君祭，先饭。

侍食于君，一般不祭，君祭，则先饭。君赐食，则先尝之，然后颁赐家人。

喝酒用爵，也用觚，《雍也》：

子曰：『觚不觚，觚哉？觚哉？』

装酒的有樽、壶、卣等，用勺子舀，或倒在爵、觚、觯、角、斝等饮器中。古代食物的基本烹调方法是煮。煮熟就叫烹，煮熟又用汁调味，就叫胹，《左传·宣公二年》：『宰夫胹熊蹯不熟。』又称作濡，《礼记·内则》：『濡豚，包苦实蓼。』郑注：『凡濡，谓烹之又以汁和之也。』还有炒，与今天相同。与炒相似的是煎，是稍放点水，把水煎干而熟。又有烧烤，称炙或炰。

古人吃饭都是用手抓，常抟成饭团。

（三）『起居竟伸其志』——起居

古代的居民是有一定的组织的。《周礼·大司徒》：『令五家为比，使之相保；五比为闾，使之相爱；四闾为族，使之相葬；五族为党，使之相救；五党为州，使之相赒；五州为乡，使之相宾。』此国中之制。《周礼·遂人》：『五家为邻，五邻为里，四里为酂，五酂为鄙，五鄙为县，五县为遂。』此郊野之制。

孔子居住在城里，城里的居民区叫作里。选择好的居住环境，这是人们共同的想法。这既包括了自然环境，也包括人文环境。《里仁》篇：

子曰：『里仁为美。择不处仁，焉得知？』

古代的居民编制也是按照家、比、闾、族、党、州、乡来组织的，所以《论语》中记载孔子日常举止行为的那篇，以『乡党』命名。孔子的家在『阙里』，也称阙党，《宪问》：

阙党童子将命。或问之曰：『益者与？』子曰：『吾见其居于位也，见其与先生并行也。非求益者也，欲速成者也。』

《荀子·儒效》：『仲尼居于阙党。』关于阙里、阙党的命名，顾炎武有一个说法：『《史记·鲁世家》：「炀公筑茅阙门。」盖阙门之下，其里即名阙里，夫子之宅在焉，亦谓之「阙党」。』但《史记》所说的门名叫『茅阙门』，不是『阙门』，所以顾氏的说法还是有问题的。这种居民住宅区在《论语》中常见：

> 子张问行，子曰：『言忠信，行笃敬，虽蛮貊之邦，行矣。言不忠信，行不笃敬，虽州里，行乎哉？立则见其参于前也，在舆则见其倚于衡也，夫然后行。』（《卫灵公》）

> 原思为之宰，与之粟九百，辞。子曰：『毋，以与尔邻里乡党乎！』（《雍也》）

古人聚族而居，因而族既是家族之称，也是一个居民编制。《子路》：

> 子贡问曰：『何如斯可谓之士矣？』子曰：『行已有耻，使于四方，不辱君命，可谓士矣。』曰：『敢问其次。』曰：『宗族称孝焉，乡党称弟焉。』

住宅古称宫室。秦汉以前，『宫』指的是一般的房屋住宅，并没有贵贱之分。『宫』指帝王的宫殿，是秦汉以后的事情。统言之，则宫与室可通称，故《尔雅·释宫》云：『宫谓之室，室谓之宫。』分言之，则整个住宅称宫，其中的一间房屋称室。

宫室的周围经常栽种一些树木，《孟子·梁惠王上》：『五亩之宅，树之以桑，五十者可以衣帛矣。』也种一些梓树、榆树等，既可以提供木材，也可以美化环境。

一所住宅，都用围墙围起来，即宫墙，前面有大门。《子张》：

叔孙武叔语大夫于朝曰：『子贡贤于仲尼。』子服景伯以告子贡，子贡曰：『譬之宫墙：赐之墙也及肩，窥见室家之好；夫子之墙数仞，不得其门而入，不见宗庙之美，百官之富。得其门者或寡矣，夫子之云，不亦宜乎？』

门外常有一道短墙，叫作外屏。按照古代的礼制，只有天子才能有外屏，《荀子·大略》所谓：『天子外屏，诸侯内屏，礼也。』外屏也叫树，《八佾》：

子曰：『管仲之器小哉！』或曰：『管仲俭乎？』曰：『管氏有三归，官事不摄，焉得俭？』『然则管仲知礼乎？』曰：『邦君树塞门，管氏亦树塞门。邦君为两君之好，有反坫，管氏亦有反坫。管氏而知礼，孰不知礼！』

当时礼坏乐崩，僭越很厉害，所以诸侯卿大夫都有外屏了。

大门两侧各有两间房，叫作塾，《尔雅·释宫》：『门侧之堂谓之塾。』后来的私塾就是设在这个地方。一进门，正对着门的，是一堵矮墙，叫作屏。屏挡住了外人的视线，所以屏有保护家庭隐私的作用。屏又叫萧墙，萧通肃，表示到了这里就应当肃静。《论语·季氏》：

吾恐季孙之忧，不在颛臾，而在萧墙之内也。

后人用『祸起萧墙』来表示由于内部矛盾而招来的祸患。转过屏，才进入了住宅的庭院。

屏后面是一片空地，古人就叫它『廷』（也写作『庭』），就是后来说的庭院。廷北边就是整个住宅的主体建筑了，即堂、室和房。这些主体建筑都建筑在高于平地的台基上。最前面的部分是堂，堂后面是室，室的左右就是房，称东房和西房。堂前无遮拦，因此堂的边很突出，古人把它叫作廉，廉以直为特征，因以『廉直』比喻人的操守。堂的左右是两面墙，叫作『序』，即东序和西序。堂上靠近序的地方也称序。堂前面有两根大柱子，叫作楹。国君的两楹之间有放置尊爵的土台子，即坫。宾主饮酒献酬完毕，皆反爵于坫上，所以也叫作反坫。《八佾》所谓『邦君为两君之好，有反坫，管氏亦有反坫』。

由于堂高于廷，因此堂前有阶，有东阶和西阶。来客人时，主人走东阶，客人走西阶。因此，东阶又叫阼阶（郑玄注：阼，犹酢也，东阶所以答酢宾客也），西阶又叫宾阶。《乡党》说：

乡人傩，朝服而立于阼阶。

古人所谓『升堂入室』，就是指从廷走上堂，必须经过堂，才能进入室。《论语·先进》：

由也升堂矣，未入于室也。

廷和堂是举行各种礼仪，演奏各种乐舞的地方，如举行燕礼、宾礼等。《论语·八佾》说：

孔子谓季氏，『八佾舞于庭，是可忍也，孰不可忍也？』

可见跳舞是在庭院中。奏乐的人一般是在堂上，所以《八佾》又说：

三家者以《雍》彻，子曰：『「相维辟公，天子穆穆」，奚取于三家之堂？』

《雍》是天子所用的乐歌，鲁国的三卿在自己的堂上演奏《雍》，所以孔子有微词。也有堂上和堂下一起奏乐的，《仪礼·乡饮酒礼》：『笙入，堂下磬南，北面立，乐《南陔》《白华》《华黍》。』

堂的东序到东墙，西序到西墙，形成两个夹间，每个夹间都南北一分为二，北边的分别称东夹和西夹，也叫阁或厢房，南边的分别叫东堂和西堂。堂上靠近两序的地方也叫厢。厢房和堂之间有户可以相通。一说厢房指庭院东西两边靠近垣墙的地方所建的房子，属于廊庑建筑，《西厢记》的张生『待月西厢下』，就是这种地方。

堂的后面就是室，是住人的地方。室与堂之间有墙，东边有户，可以从堂入室。古人称户，一般是单扇的，称门是双扇的。从室外出必由户，所以孔子说：

谁能出不由户，何莫由斯道也？（《雍也》）

这堵墙靠西边的地方有窗户，叫作『牖』，一般所说的户牖，都是指室而言。室内靠着牖的这边可以睡觉坐卧，所以《论语·雍也》说：

伯牛有疾，子问之，自牖执其手，曰：『亡之，命矣夫！斯人也而有斯疾也！斯人也而有斯疾也！』

古人睡觉一般是靠北墙，脑袋朝东。但是生病时，有尊者来探视，就会移到窗牖下，头还是朝东。所以孔子能够从窗户抓住伯牛的手。

牖和户之间的墙壁叫作『扆』，这是堂上最尊贵的位子。天子朝诸侯，就是负扆南向而立。在室内则是西边东向的座位最尊，其次南向，其次北向，其次东边西向。知道这一点，就可以理解《鸿门宴》中的座次的尊卑关系：项王、项伯东向坐，亚父南向坐，沛公北向坐，张良西向侍。

室的北墙也出一个窗户，叫作『向』，《说文》：『向，北出牖也。』《诗经·豳风·七月》：『穹窒熏鼠，塞向墐户』。室内四个角叫作『隅』，四隅各有名称，根据《尔雅·释宫》：『西南隅谓之奥，西北隅谓之屋漏，东北隅谓之宧，东南隅谓之窔。』室中西南隅之奥，光线比较暗，却是室中最尊贵的地方，为尊者所居，凡祭祀都在奥。《八佾》：

王孙贾问曰：『「与其媚于奥，宁媚于灶」，何谓也？』子曰：『不然；获罪于天，无所祷也。』

郑注：『宗庙及五祀之神皆祭于奥。』东北隅的宧是储藏食物的地方。室的中央叫作『雷』，灶一般就在室的中央。四隅构造当然相同，因此知道一个，别的也就知道了，所以《论语·述而》说：

举一隅不以三隅反，则不复也。

室的两侧也各有房，即东房和西房，又称『侧室』。东房比西方的进深要小，因为还要分出一部分作为北堂，北堂下有阶，可以通往内廷。

外廷与内廷之间有墙隔开，另有一道门，称寝门。寝门比大门小得多，因此也叫闺门，《尔雅·释宫》：『宫中之门谓之闱，其小者谓之闺。』内廷的结构与外廷相同。内廷一般是女眷的住所。因此，也把妇女所居称为闺中，女儿也称『闺女』。古代也称妻为正室，妾为侧室。因为妻一定住在正室，妾通常居侧室。

宫室的规模根据地位的高低而变化，通常的老百姓家可能连内廷都没有，帝王的宫室规模很大，但是其基本结构都是廷、堂、室、房。

房屋一般是东西五间，南北五架。东西五间是指中堂占三间的宽度，东西房各占一间。南北五架是指堂的东西墙，由南到北，各立五根大柱，从第一至第四根为堂之进深，第四至第五根为室之进深。最前面的两根柱子就是东楹和西楹。房屋承重的主要是柱子，柱子上有横梁，梁上有短柱，叫作棁，棁上可以再架梁。《公冶长》：

子曰：『臧文仲居蔡，山节藻棁，何如其知也？』

棁也叫侏儒柱。在上面画水藻为饰，就是藻棁。节又叫栭，柱子上承大梁的方木。山节，包咸、郑玄都认为是在栭上雕刻成山的花纹；一说『山节谓刻柱头为斗拱，形如山也』（《礼记·礼器》管仲『山节藻棁』，孔颖达疏）。

斗拱是古代的一种很有特色的木结构形式，在立柱与横梁的接合处，从柱顶探出的弓形肘木叫作拱，拱与拱之间的方形垫木叫作斗。使用斗拱就不需要用钉子。

承担屋顶的最高处的东西向的大梁，叫作栋，两侧往下的一根叫作楣，再往下的一根叫作庋，庋以下就是屋檐。栋、楣、庋都是东西向的，在上面加上南北向的椽子，覆上笮子，可以盖上瓦片，或用茅草等覆盖，成屋顶。

在屋里一般铺有席子。席子有两种，一种叫筵，一般用竹子编成，直接铺在地上；一种叫席，一般用蒲草等编成，铺在筵上。筵只有一层，但是席可以有好几层。席应该是有方向的，可能在席上有某种标记。《礼记·曲礼上》：『席南向北向以西方为上；东向西向以南方为上。』古代尊卑不同席，同席的都是年龄、地位差不多的人。例如父子不同席，男女不同席。所以有些人通过不愿与人同席来表示对别人的蔑视。《史记·卫青霍去病列传》说，任安与田仁为卫青的『舍人』，即门客。有一天两人跟随卫青来平阳公主家，让这两人跟公主家的骑奴同席而食，二人深以为耻，于是拔刀断席，别坐，表示自己对骑奴的蔑视。席子铺在地上，应与屋子的边廉平行，才算铺正了，《乡党》云孔子：

> 席不正不坐。

《礼记·曲礼上》云：『主人跪正席，客跪抚席而辞。』是古人有正席之礼。所以下文又云：

> 君赐食，必正席先尝之。

上席的时候要从席前面上，没有从前面上席叫作躐席，是非常不礼貌的行为。在席上以脱袜表示尊敬。席上的位置，又以中间的部分为贵。如果一个人父母还在，他坐的时候不能坐在正中间。如果坐着时有贵客或者长辈进来，要避席，有时还要伏地。

在席上正式的坐姿是跪坐，双膝着地，臀部坐在脚上。如果膝盖着地，直起上身，叫作长跪，也叫跽，这是可以随时站起来的姿势。《史记·项羽本纪》记载鸿门宴时，刘邦危急，樊哙闯入，『披帷西向立，瞋目视项王，头发上指，目眦尽裂。项王按剑而跽，曰：「客何为者？」』项羽按剑而跽，这是准备随时站起来迎战的姿势。坐也叫居，《阳货》：

子曰：『由也！女闻六言六蔽矣乎？』对曰：『未也。』『居！吾语女。』

《宪问》篇提到『原壤夷俟』，是一种特殊的姿势：

原壤夷俟。子曰：『幼而不孙弟，长而无述焉，老而不死，是为贼！』以杖叩其胫。

夷通『跠』，蹲。马融注：『夷，踞。』踞就是蹲。所谓蹲，是屁股坐在地上，脚底着地，抬高膝盖。这种蹲跟今人坐在地上的姿势相似。夷俟与箕踞很相似，箕踞是屁股坐在地上，两腿张开平伸。

古人有床。但与今天的不同，比较低矮，也较小。床既可用来坐，也可以用来睡觉。《释名·释床帐》：『人所坐卧曰床。』《左传·宣公十五年》：『宋人惧，使华元夜人楚师，登子反之床，起之曰……』与床相似的是榻，比床要窄小一些，更低矮一些，一般只用来坐。《释名·释床帐》：『人所坐卧曰床。床，装也，所以自装载也，长狭而卑曰榻，言其榻然近地也。』

古人坐卧之时，还有几，像现在的几案，坐时可以靠在上面，也可以小睡一会儿。《诗·大雅·公刘》：『跄跄济济，俾筵俾几。既登乃依，乃造其曹』依就是靠着。《孟子·公孙丑下》：『孟子去齐，宿于昼。有欲为王留行者，坐而言，不应，隐几而卧。』卧就是坐着小睡。

古人一般不会到寝室去睡午觉，但是可以隐几而卧，稍稍休息。《公冶长》：

宰予昼寝。子曰：『朽木不可雕也，粪土之墙不可杇也；于予与何诛？』

像今天这样的睡午觉的习惯，不知道从什么时候开始的。《礼记·檀弓上》：『夫昼居于内，问其疾可也。夜居于外，吊之可也。是故君子非有大故，不宿于外；非致齐也、非疾也，不昼夜居于内。』所以宰予昼寝，非君子所为，夫子责之。

睡觉的时候也有枕头。《诗·陈风·泽陂》：『寤寐无为，辗转伏枕。』

（四）『长铗归来乎，出岂可无车』——车马

孔子对自己的出行也是很有讲究，他认为自己曾经当过大夫，现在又是国老，所以出门不能徒步，必有车。

《先进》：

颜渊死，颜路请子之车以为之椁。子曰：『才不才，亦各言其子也。鲤也死，有棺而无椁，吾不徒行以为之椁，以吾从大夫之后，不可徒行也。』

孔子当时虽不为官，但是其品级还是大夫，言『从大夫之后』，是谦辞。不过，他不徒行，也跟他年纪大了有关系。《礼记·王制》：『君子耆老不徒行。』

车的单位叫作乘，一般一辆车用四匹马拉，一乘包括四匹马和一辆车。四马称为驷。一驷一般雌雄相同。《诗经·小雅·采薇》：『戎车既驾，四牡业业。』业业，形容壮健的样子，牡马当然比母马要壮健。战车的马，还要披上甲。《诗经·郑风·清人》：『清人在彭，驷介旁旁。』（清、彭都是邑名。旁旁，不停息的样子。）

驷马中，中间的两马叫作服，用以驾辕，服就是驾的意思。两旁的马叫作骖，表示辅助的意思。曾子的名字叫作参，字子舆，前人一般认为参通骖，与舆意思相关。

车厢叫作舆，舆的两旁有木板或栏杆，除了屏蔽，也可以靠倚，叫輢。前面也有栏杆，栏杆上面有一根横杠，乘车时，可以扶握。在这根横杠稍下的位置，还有一根横杠，叫作车轼，扶车轼时，人一般要稍稍弯腰。乘车时，如果要对人表示尊敬，就扶轼弯腰低头，这个动作也叫作轼。《乡党》说孔子对某些人一定要轼之：

见齐衰者，虽狎，必变。见冕者与瞽者，虽亵，必以貌。凶服者式之。式负版者。

车厢后边底下的横木叫作轸，笼统地说，也把舆的后面的横板或栏杆叫作轸。有一根固定的绳子系在车上，叫作绥。人上车时，抓住绥，便于登车。《乡党》：

升车，必正立，执绥。

一般人上车时，由车夫，即仆御授绥。古代新娘出嫁时，由夫婿亲自去迎亲，夫婿先上车，然后授绥给新娘上车。所以也用『授绥』来比喻新娘出嫁。

古人乘车，男子立乘，女子坐乘。《礼记·曲礼上》：『妇人不立乘。』孔子乘车时也有不少礼仪，《乡党》：

车中，不内顾，不疾言，不亲指。

内顾就是回头看车内。亲指，用手指点。刘宝楠《论语正义》认为『亲』字不可解，乃『妄』字之误，《曲礼》：『车上不妄指。』

妇女所坐的车，有帷裳遮蔽，即在车厢四周施帷。《诗经·卫风·氓》：『淇水汤汤，渐车帷裳。』（渐，浸湿。）车帷下垂的部分，像衣服的下裳，所以也称帷裳。

车厢上可以有伞盖，即车盖，可以遮雨和太阳。车厢下铺席子，叫作茵。《诗经·秦风·小戎》：『文茵畅毂，驾我骐异。』毛传：『文茵，虎皮也。』这是用老虎皮为茵，当然有虎皮的花纹。（畅毂，长毂。骐，青黑色的马。异，左足白的马。）

车舆下面压在轴上。在舆的下面两侧各安上两块木头，有半圆形的缺口，卡住轴，并用皮革缚住。这两块木头叫作𫐐，外形有点像两只兔子趴在轴上，所以又叫伏兔。《左传·僖公十五年》：『为嬴败姬，车脱其𫐐，火焚其旗，不利行师……』

轴的两端安上轮子，轮子的外圈叫作辋，又叫牙，轮子的中心又有一个圈，叫作毂。车轮的辐条就辐辏在毂外侧。《老子》所谓：『三十辐共一毂，当其无，有车之用。』毂中空以贯轴，轴两端出毂外，出头的部分又套上金属套，其末端杀细，叫作軎。为防止轮子滑出轴外，在轮子外侧的轴上打孔插上插销，叫作辖。

车辕的一头压在车轴的中间部分，往前出舆下，曲而上升，一直到马脖子上的衡，衡与辕之间用一个销钉连接，就是《论语·为政》所谓的軏：

子曰：『人而无信，不知其可也。大车无輗，小车无軏，其何以行之哉？』

拉车的可以是牛，牛车一般用来拉货物，是载重之车，也叫大车。相应的，马车也叫小车。

牛车与马车的结构不同。《论语》包咸注：『輗者，辕端横木，以缚轭。』这是认为牛车有衡，衡即为輗，这是错误的说法。衡是连接两轭的横木，牛车只用一头牛驾车，只需要一轭就行了，所以没有衡。据孙诒让《周礼正义》的考订，大车有两辕，其辕端与轭末直接相接，轭像人字形，套在牛的脖子上。轭分叉的两末，与辕端相接，其相接之处皆穿孔，用关键（活销）穿之，并以革缚之。此销钉即为輗。马车一辕，驾两服，辕下有衡，马轭接在衡之两端。辕前端微上翘以接衡，其相接之处皆穿孔，有关键（活销），叫作軏。并以革缚之。輗、軏应当都用金属为之。

輗与軏，都是车的牵引力最集中的地方。没有輗軏，车就无法前行。之所以穿孔用活销，是因为拐弯的时候可以灵活，不伤及辕、衡、轭。而且车不会左右摇摆。

析而言之，曲辕为辀，直辕曰辕；统而言之，都可以叫辕。衡上常有銮铃，《诗经·大雅·蒸民》：『四牡彭彭，八鸾锵锵。』车轭是人字形的分叉，分叉又叫軥。《左传·襄公十四年》记载卫国内乱，卫侯逃离，公孙丁驾车，公孙丁的两个弟子庾公差和尹公佗追赶卫侯：『（庾公）曰：「射为背师，不射为戮，射为礼乎？」射两軥而还。』

关于大车与小车，前人还有不同的意见。包咸注：『大车，牛车。小车，驷马车。』此注是正确的。郑玄注：『大车，柏车。小车，羊车。』柏车为山地载重之大车。

郑注柏车、羊车之名，见于《周礼·考工记·车人》：『……大车崇三柯，绠寸，牝服二柯有参分柯之二。羊车二柯有参分柯之一，柏车二柯。』郑注：『大车，平地载任之车。』

但《论语》郑注将大车释为柏车，其实与《周礼》所载不合。孙诒让《周礼正义》驳之：

另外有一种栈车，又作轏，是以木条编成车厢。《左传·成公二年》载齐晋鞍之战中，『丑父寝于轏中，蛇出于其下，以肱击之，伤而匿之……』

当时也有坐乘的车，叫作安车，是用一匹马拉的车。《礼记曲礼上》：『大夫七十而致事……适四方，乘安车。』

车停止的时候，为了防止车轮自己转动，常在轮下放一根木头，叫作轫。开车时，要先把这块木头拿开，叫作发轫：《楚辞·离骚》：『朝发轫于苍梧兮，夕余至乎县圃。』

驾车叫作御，车夫也叫仆。古代驾车是一门非常复杂的技术，属于『六艺』（礼乐射御书数）之一。乘车最多是三个人，御者居中，尊者在左，右边的叫骖乘。打仗的时候，左边的主管射箭，车右一般都是勇士，执戈而斗，车子遇到麻烦时，还要下车推，排除障碍。

水行乘舟。《宪问》：

南宫适问于孔子曰：『羿善射，奡荡舟，俱不得其死然。禹稷躬稼而有天下。』夫子不答。南宫适出。子曰：『君子哉若人！尚德哉若人！』

当时的船已经很发达，南方的吴楚已经用水师打仗了。比舟简易一点的，就是竹筏、木筏之类，《公冶长》：

子曰：『道不行，乘桴浮于海。从我者，其由与？』子路闻之喜。子曰：『由也好勇过我，无所取材。』

桴就是竹筏或木筏，编竹木浮在水上，大的叫作筏，小的叫桴。

古人走路，也跟今人一样，喜欢抄小路。《雍也》：

子游为武城宰。子曰：『女得人焉耳乎？』曰：『有澹台灭明者，行不由径，非公事，未尝至于偃之室也。』

行不由径已经成为一种美德了，这证明当时的大多数人是经常抄小路的。《老子》说：『大道甚夷，而民好径。』看来从古至今人们都是喜欢抄小路。古代是禁止抄小路的，《周礼·秋官司寇·司隶庭氏》：『禁野之横行径踰者。』《秋官·修闾氏》：『禁径瑜者。』不过，看来也是屡禁不止。

（五）『浴乎沂，风乎舞雩，咏而归』——娱乐

孔子的娱乐看来不多。他倒是经常欣赏和弹奏音乐，例如《宪问》云『子击磬于卫』。不过，在他自己看来，音乐也许是一种政治和道德行为，至少不能算纯粹的娱乐活动。孔子自己是深通音乐的，音乐也是他教育学生的一门课程。他曾经批评子路的琴瑟弹得不好：

子曰：『由之瑟奚为于丘之门？』门人不敬子路。子曰：『由也升堂矣，未入于室也。』（《先进》）

孔子教学时，还经常会有音乐伴奏。所以子路、曾皙、冉有、公西华侍坐，孔子与子路、冉有、公西华各言其

志的时候，曾皙就在一旁鼓琴：

『点，尔何如？』鼓瑟希，铿尔，舍瑟而作，对曰：『异乎三子者之撰。』（《先进》）

这礼乐之教的风雅情致，可以想见。他平时也唱歌：

子与人歌而善，必使反之，而后和之。（《述而》）

合乐而唱谓之歌，如果不合音乐，叫作诵或徒歌。他唱歌也有一定的忌讳：

子于是日哭，则不歌。（《述而》）

孔子也钓鱼，没事还出去射鸟儿：

子钓而不纲，弋不射宿。（《述而》）

据孔注、郑玄注，纲是指用一根大绳子横跨河流，上用很多小丝绳，各设钓钩，可以同时钓很多鱼。弋是用绳系住箭，射到什么东西容易找到。这里泛指射。宿，栖宿的鸟。不射宿，是因为鸟巢中可能有小鸟，还有鸟卵。

孔子也很向往那种闲适的生活，春天来了，能够到郊外短足，是他所向往的。所以，当曾皙说出他的心里话时，他不禁喟然而叹：

曰：『莫春者，春服既成，冠者五六人，童子六七人，浴乎沂，风乎舞雩，咏而归。』夫子喟然叹曰：『吾与点也！』

（《先进》）

那时候也有下棋的娱乐，孔子觉得聊胜于无：

子曰：『饱食终日，无所用心，难矣哉！不有博弈者乎？为之，犹贤乎已。』（《阳货》）

博弈，包括博棋和围棋两种。关于博棋，《列子·说符》张湛注引《古博经》曰：

博法，二人相对坐向局，局分为十二道，两头当中名为水，用棋十二，古法六白六黑，又用鱼二枚，置于水中。其掷采（骰子），以琼为之。琼畟方寸三分，长寸五分，锐其头，钻刻琼四面为眼，亦名为齿。二人互掷采行棋，棋行到处即竖之，名为骁棋，即入水食鱼，亦名牵鱼。每牵一鱼获二筹，翻一鱼获三筹。若已牵两鱼而不胜者，名曰被翻双鱼。彼家获六筹为大胜也。

由于博棋的棋子往往用象牙做成，所以又叫象棋。

弈是古代的围棋。《文选·韦弘嗣（博弈论）》注引邯郸淳《艺经》曰：『棋局纵横各十七道，合二百八十九道，白黑棋子各一百五十枚。』后来的围棋演变为纵横各十九道，三百六十一个交叉点。

博弈是古代的游戏。孔子认为，饱食终日，无所用心，不如去玩博弈这种游戏。马融认为这是防止无所用心而生淫欲，有一定道理。《孟子·滕文公上》：『饱食暖衣，逸居而无教，则近于禽兽。』

孔子的话，倒是体现了他对游戏的包容之心，这为后代的艺术家提供了一定的借口。《汉书·王褒传》：『上令褒与张子侨等并待诏，数从褒等放猎。所幸宫馆，辄为歌颂，第其高下，以差赐帛。议者多以为淫靡不急。

上曰：「不有博弈者乎？为之犹贤乎已。辞赋大者与古诗同义，小者辩丽可喜。譬如女工有绮縠，音乐有郑、卫，今世俗犹皆以此虞说耳目。辞赋比之，尚有仁义风谕，鸟兽草木多闻之观，贤于倡优博弈远矣。」』从客观上讲，对于古代艺术的发展是有积极作用的。

（六）『丘之祷久矣』——疾病

孔子当然也有生病的时候。他对于生病很谨慎，不敢大意：

子之所慎：齐，战，疾。（《述而》）

尽管《周礼》中巫和医已经明确分开，但是当时关系还是很近，治病还免不了占卜祝祷之类的程序，到了孔子病重垂危的时候，弟子们也会乱投医：

子疾病，子路请祷。子曰：『有诸？』子路对曰：

『有之。《诔》曰：「祷尔于上下神祇。」』子曰：『丘之祷久矣。』（《述而》）

这里的『诔』应当是记载诔文的书，祈祷时念之。子路以为孔子要责备他，所以引经据典，说《诔》文上就有『祷尔于上下神祇』。孔子的意思是，我平常所行都不违道德，鬼神唯德是歆，等于一直都在祈祷，所以你其实不用再为我祈祷了。

子疾病，子路使门人为臣。病间，曰：『久矣哉，由之行诈也，无臣而为有臣。吾谁欺？欺天乎？且予与其死于臣之手也，无宁死于二三子之手乎！且予纵不得大葬，予死于道路乎？』（《子罕》）

孔子曾经做过鲁国的司寇，是大夫，有过家臣。但当时已经没有官位了，所以没有家臣。子路抬高孔子的

地位，所以还是按照大夫的规格来给他准备丧事。但这并不合乎礼制，《礼记·王制》：『大夫废其事，终身不仕，死以士礼葬之。』所以孔子说子路行诈。看来子路颇有掌门大弟子的风范，门人都能听他的话。

孔子说他与其死于家臣之手，不如死于弟子之手，纵然不能大葬，也还有弟子在身边，并不是死于道路，无人料理。此章是《论语》中很少见的抒发孔子对弟子情感的文字，我们可以从中感受到浓厚的师生情谊。也许是『人之将死，其言也善』吧。

孔子生病的时候，有过一件奇怪的事情：

康子馈药，拜而受之，曰：『丘未达，不敢尝。』（《乡党》）

未达，大概是说不知药性。这一段比较奇怪，不知道孔子是什么意思。也许是不喜欢季康子，才故意这么说。